JOHAN ALVEHUS &
DANIEL ERICSSON (RED)

Om UNDRAN *inför* FÖRETAGSEKONOMIN

SANTÉRUS
FÖRLAG

www.santerus.se

Utgiven 2020 av Santérus Förlag, Stockholm

ISBN 978-91-7359-156-0
info@santerus.se
Tryck: BOD, Tyskland 2020

Innehåll

KAPITEL 1

Om att undra inför företagsekonomin

JOHAN ALVEHUS OCH DANIEL ERICSSON

1.

Johan Asplunds *Om undran inför samhället* är tvivelsutan en klassiker inom svensk samhällsvetenskap. Otaliga är de studenter och forskare som låtit sig utmanas, inspireras och vägledas av den vetenskapliga hållning som redan i bokens inledning sätts på pränt:

> Om ett visst social fenomen, F, kan man ställa sig en lång rad olika frågor, till exempel dessa:
> Förekommer F överallt eller endast på somliga platser? Är F förknippad med den här kategorin av folk snarare än med den där kategorin av folk? Har F alltid haft sin nuvarande karaktär eller var F annorlunda förr? Vem eller vilka drar fördel av F? Vad är orsaken till F?...
> Sedan kan man också fråga sig: Vad *betyder* F?[1]

För Asplund utgör denna typ av fråga en undrande attityd inför livet och dess många skiftande uttrycksformer. Attityden utmärks av ett sökande efter förståelse istället för förklaring; den innebär att närma sig verklighetens fenomen som vore de gåtor att dechiffrera och den syftar, inte minst,

1 Asplund (1970), s. 11.

till att problematisera det som anses vara ”naturligt” eller ”självklart”. Asplund önskar helt sonika *begripliggöra* världen genom att vrida och vända på den så att andra aspekter av verkligheten framträder än dem som tas för givna i vardagen.

Som vetenskaplig hållning betraktat är denna asplundska undran inför samhället och åtföljande aspektseende allt annat än *comme il faut* när boken ges ut 1970. Den så kallade ”moderna sociologin” som Asplund i första hand förhåller sig till i sin bok (även om han i den spänner över flera olika vetenskapsområden) kännetecknas vid tidpunkten av strävanden efter universell kunskap och ambitionen att kunna förklara samhället i dess helhet. Asplunds kollegor är antingen upptagna med att fastställa förenklade orsak- och verkanförhållanden i syfte att formulera allmängiltiga sociala ”lagar” eller sysselsatta med att kartlägga och inskärpa skillnader mellan olika aktörsgrupper inom och mellan olika populationer. Det är i förhållande till dessa strävanden som inledningen av *Om undran inför samhället* rymmer sin mycket kärnfulla positionsangivelse och problematisering. Och budskapet Asplund kommer med till sina kollegor är minst sagt utmanande: Sök inte *sanningar* om hur det *är*, sök istället *betydelseangivelser* som är *poängfulla*.

Med sin bok kan Johan Asplund sägas slå ett slag för den hermeneutiska och tolkande vetenskapen, mot den positivistiska och analytiska. Och därvidlag kan *Om undran inför samhället* ses som synnerligen tidstypisk. Asplund skriver sin bok mitt under en (forsknings)politisk brytningstid och gör gemensam sak med forskare verksamma inom de ”nya” vetenskapstraditioner som vinner alltmer i popularitet, såsom konstruktionism, etnometodologi och symbolisk interaktionism. Frågan är dock hur aktuell hans skrift är idag, femtio år efter dess tillblivelse. Är hans undrande attityd fortfarande relevant? Hur står det till med det aspektseende han propagerade för? Och finns det fortfarande en poäng med att skriva fram det poängfulla?

2.

Denna volym har fått titeln *Om undran inför företagsekonomin*. Det är en titel som inte bara förpliktigar. Det är också en titel med vissa pretentioner.

Bakgrunden är denna: Vi redaktörer möttes kring en idé om att återvända till Johan Asplunds klassiska bok och bjuda in ett antal kollegor för att tillsammans utforska det sociala fenomen som utgör vår förgivettagna verklighet. ”F” som i Företagsekonomi, typ. Vår idé hade, tyckte vi (och tycker vi fortfarande), konkreta klangbottnar. Å ena sidan hade vi båda levda erfarenheter av att Johan Asplunds lilla bok haft mycket stor betydelse för en eller ett par (eller kanske till och med flera) generationer av forskare på det företagsekonomiska fältet; och å andra sidan närde vi båda en genuin undran inför det avtryck det asplundska aspektseendet gjort på det företagsekonomiska ämnets teorier och praktiker.

I ärlighetens namn var det en rätt så diffus idé. *Om undran inför samhället* kan läsas på många olika sätt – som vetenskapskritik, som forskningsprogram, ja, till och med som samhällskritik om man vill – och följaktligen ge upphov till många olika infallsvinklar om man vill säga något av betydelse om företagsekonomins betydelser. Samtidigt ter det sig vanskligt att reducera Asplunds mångfacetterade författarskap till en enda text om man på djupet vill förstå och problematisera betydelsen av ett fenomen så spretigt som företagsekonomi. Ämnets betydelser framträder förmodligen bättre i ljuset av Asplunds senare produktion.

Det var dock en idé som fick gehör hos våra kollegor, och resultatet är boken du håller i din hand.

3.

Det finns ett tungt vägande skäl varför det är viktigt att ställa sig undrande inför just företagsekonomin: Ämnet är tveklöst en kraft i samhället. Sedan 1993 har över 150 000 företagsekonomer examinerats från svenska lärosäten, och årligen fylls arbetsmarknaden på med cirka 7 500 nybakade företagsekonomer. Under läsåret 2018/19 var så många som var tionde examen från det svenska utbildningsväsendet en examen inom företagsekonomi.[2] Detta säger något om de prioriteringar som görs i samhället – men det säger också något om det hopp och de förväntningar som unga människor knyter till disciplinen.

Konsekvenserna av företagsekonomins akademiska dominans märks i de mest skiftande sammanhang och på de mest genomgripande sätt. Det företagsekonomiska ”tänket”, den omhuldade kalkylrationaliteten, genomsyrar allt fler av livets olika praktiker, från vagga till grav, och den företagsekonomiska vokabulären nästlar sig obemärkt in i vårt vardagsspråk. Inte för inte sägs offentliga och ideella verksamheter ”företagiseras”; och inte för inte anses företagsekonomen få sista ordet i princip oavsett vad som avhandlas.[3] Det företagsekonomiska språket är helt enkelt hårdvaluta för den som behärskar det, och så inte minst i beslutande församlingar. Makten över besluten i våra organisationer har den som har makten över företagsekonomin och dess beskrivningsspråk. Siffror, kalkyler, fyrfältare och effektivitetsmått ges tolkningsföreträde.

Inför denna makt kan man gott ställa sig undrande. Vad får det för konsekvenser för samhället? Och för den enskilda

2 Statistik från https://www.scb.se/hitta-statistik/statistik-efter-amne/utbildning-och-forskning/hogskolevasende/studenter-och-examina-i-hogskoleutbildning-pa-grundniva-och-avancerad-niva/

3 Forssell & Jansson (2000); Rombach (2005).

individen? Men man måste också ställa sig kritisk. Inte minst den företagsekonomiska synen på människan som en alltigenom rationell beslutsfattare, en *Homo oeconomicus* (eller på engelska *economic man*), bör sättas under lupp. Alltför många – i alltför många sammanhang – anammar reflexmässigt denna människosyn, och tar för givet att lycka går att mäta i pengar och lönsamhet, samt att kungsvägen till denna lycka går genom väl informerade och optimerade beslut. Med en sådan människosyn blir företaget gärna reducerat till ett rationellt maskineri för framgång, medan andra aspekter av företagande – som glädje och sorg, utveckling och lidande – i grunden misskänns. Kort sagt: med enbart *Homo oeconomicus* för ögonen tenderar liv och företagande att bli förvånansvärt livlösa.

Det finns dock all anledning att nyansera bilden av det företagsekonomiska ämnet och de konsekvenser som följer i dess kölvatten. Det ryms många alternativa tänkesätt och vokabulärer inom ämnesdisciplinen, liksom många teorier och praktiker formade utifrån humanistiska utgångspunkter. Företagsekonomin som vi, bokens redaktörer, känner ämnet är helt enkelt betydligt rikare på aspekter än vad som ofta görs gällande. Det finns många poängfulla röster att lyssna till som inte faller inom det snäva sifferräknandets domäner, och det finns många företagsekonomiska tankegångar och praktiker som inte har vinstmaximering som yttersta mål och mening.

Med detta dock inte sagt att denna bok är ett försvarstal till företagsekonomins fromma. Ambitionen är tvärtom att försöka skåda företagsekonomin *i vitögat* och problematisera några av företagsekonomins betydelser. På gott och på ont.

4.

”F” som i Företagsekonomi, typ, är alltså det fenomen vi riktar vår uppmärksamhet mot. Det gör också Asplund. På sitt sätt. Han ställer förvisso inte företagsekonomi i förgrunden i sina texter, men samtidigt tycks det som om de företagsekonomiska spörsmålen löper som en röd tråd genom dem. I *Om undran inför samhället* ställer han sig till exempel *en passant* undrande inför antagandet om den ekonomiska människan och hennes förmodade grundläggande naturliga behov av att maximera sin avkastning på insatt kapital. Om någon skulle få för sig att inte vilja maximera sin vinst så framstår det som en avvikelse, ett irrationellt fenomen som måste förklaras, skriver Asplund, och frågar sig:

> Varför i helvete det då? Varför skulle det inte kunna vara ett precis lika naturligt grundantagande att människan *inte* försöker maximera sin vinst? Och *om* nu någon går in för att maximera sin vinst – visst kan *det* framstå som ett fenomen?[4]

Asplunds vridande och vändande på fenomenet företagsekonomi framträder dock kanske som tydligast i böckerna *Essä om Gemeinschaft och Gesellschaft* och *Storstäderna och det forteanska livet* (1991 resp. 1992). Här förtydligar han sin undran inför samhället till att vara en undran över tankefiguren Gemeinschaft och Gesellschaft – vilket ytterst förenklat kan sägas vara en slags institutionaliserad motsättning mellan det privata livets genuina gemenskaper och det offentliga livets kalkylerande relationer. Asplund konkretiserar här sina undringar i en önskan om att, i grunden, förstå social interaktion. Inte för att söka autenticitet eller romantisera – det sociala livets elementära former är lika vackra som de

4 Asplund (1970), s. 121.

är grymma – utan för att söka ett sätt att ge uttryck för samhällets variationsrikedom. Det som oroar Asplund är de tendenser han skönjer av en minskad kollektiv kapacitet att se och erfara denna variationsrikedom – och en tilltagande benägenhet att tro att människan är stöpt i en och samma rationella form.

> Människan är en responsiv varelse. ... Till *homo oeconomicus* har människan blivit när hennes responsivitet har formats i enlighet med marknadsplatsens krav. Den allmänna sanningen om människan är inte att hon är rationell utan att hon är formbar.[5]

Asplund går här hårt åt förenkla(n)de och reducerande samhällsteorier, och i synnerhet de som använder sina förenklingar och reduktioner för att skapa stora och omfattande teoribyggen. Inte sällan får sig sociologiska storheter en släng av sleven med Asplunds ofta syrliga vokabulär.

Och här finns det anledning att betrakta även det företagsekonomiska teoribygget med kritisk blick. På vilket sätt har det företagsekonomiska ”tänket”, eller de företagsekonomiska tankefigurerna, för att låna ett av Asplunds mer välkända begrepp, blivit en del av samhället? Har det blivit till ett stelt teoribygge som begränsar snarare än möjliggör ett poängfullt aspektseende?

Våra frågor är aningen retoriska av den enkla anledningen att vi delar den oro Johan Asplund ger uttryck för i sina skrifter. Det är en oro över att han talar för döva öron när han argumenterar för vikten av att ställa sig undrande inför det sociala livets mångfald; och det är en oro över att det samhälle han en gång förundrades över i termer av

5 Asplund (1992), s. 86.

Gemeinschaft *och* Gesellschaft nu endast låter sig begripliggöras som Gesellschaft. Det är en oro över att ”samhälle” har blivit till ”ekonomi”, och att det sociala livet därmed blivit i grunden fattigare.

5.

Låt oss så precisera vårt projekt. En bok måste ju ändå ha ett syfte (tror vi):

I detta projekt har ambitionen varit att synliggöra några av företagsekonomins många konsekvenser. Mer specifikt riktas vårt intresse mot företagsekonomin som kunskapsdomän, som praktik och som ideologi. I boken utforskar vi Johan Asplunds idéer mot en företagsekonomisk fond och frågar oss vad hans sätt att resonera kring människor och kunskapande har att säga om företagsekonomin som samhällelig praktik?

Vi ställer också företagsekonomins tankevärld och språk till svars: Vilket slags aspektseende handlar företagsekonomi om? Och leder verkligen företagsekonomins tankefigurer till en sådan akut aspektblindhet som Asplund fruktar?

Kort sagt, vår bok utgör en undran inför företagsekonomin.

6.

Det är en stekhet dag sommaren 2005, eller kan det ha varit 2006? Jag, Johan, sitter uppflugen på ett halvfärdigt hustak. Luften står nästan still, den dallrar ovanför de nylagda brädderna. Doften av varmt nysågat trä. Hammaren i handen och munnen full av spik. Telefonen ringer. Jag känner inte igen numret, 046 någonting. Spottar ut spiken och svarar.

– Johan.

– Ja, hej, det här är Johan Asplund.

Jag vinglar nästan till (en dum idé där jag befinner mig). Det är lite som att bli uppringd av statministern. Eller Jesus. Hur som helst, Asplund ringer för att meddela att jag tyvärr inte kunnat få plats på den doktorandkurs i sociologi som jag anmält mig till. Den är fulltecknad och den egna institutionens doktorander har första tjing. Men han är också nyfiken. Hur kan det komma sig att en företagsekonom anmält sig till hans doktorandkurs? Inser jag, frågar Asplund, att det handlar ganska mycket om konst och att se konst? Jag svarar att jag förstått det och nämner att Asplund är frekvent läst av företagsekonomer: jag och mina doktorandkollegor och även seniora forskare ser hans texter som en viktig inspirationskälla. Han verkar förvånad. Vi pratar en stund om detta; kan detta verkligen komma som en överraskning för honom? Han är hur som helst intresserad av varför det förhåller sig så.

Jag vet till denna dag inte om Asplund bara var snäll mot en doktorand, men jag kan inte komma ifrån tanken på att Asplund även var lite nyfiken på, och undrande inför, företagsekonomin och dess undran inför honom.

7.

Företagsekonomins – och företagsekonomens – undran inför Asplund är dock allt annat än självklar. Detta blir jag, Daniel, varse en gråmulen höstdag, nådens år 2000. Åtminstone är det så jag i efterhand minns dagen, som ”gråmulen”, men det kan lika gärna ha varit en härlig brittsommardag utanför det seminarierum där jag lägger fram manuset till det som ska bli min avhandling. Det som har etsat sig fast i mitt minne är det mörker som sänker sig över min asplundska undran inför samhället.

Seminariet förflyter lugnt och väl. Tills en av mina kollegor i sin opposition gör halt vid en passage där jag försökt att tolka mitt empiriska fenomen utifrån Asplunds tankefigur Gemeinschaft och Gesellschaft. Jag har skrivit någonting i stil med: "Johan Asplund hade förmodligen tolkat detta som ett Gemeinschaft *i* Gesellschaft" – vilket för mig är en fullständigt oproblematisk sentens. Nu hör jag dock min kollega utbrista:

– Så där kan man inte skriva!

Först tror jag att invändningen har med min tolkning att göra och jag försöker därför förklara vad jag menar med ett Gemeinschaft *i* Gesellschaft. Men det är inte där skon klämmer. Det är själva uttryckssättet som skaver.

– Är det du eller Asplund som tolkar ditt empiriska fenomen på det där sättet?

– Det är jag förstås.

– Skriv det då.

Min respons är omedelbar. Jag hör mig själv använda ord som "stilfigur" och "kongenial", men jag avbryts i mitt försvar för varför det är lämpligt att inte bara tänka som Asplund utan också skriva i hans anda.

– Vi *vet* inte hur Asplund hade tolkat materialet och det finns ingen anledning att anta vad han "förmodligen" skulle ha gjort. Du får helt enkelt ringa upp honom och fråga!

Jag ringde aldrig upp Johan Asplund. Inte för att modet skulle ha svikit mig utan för att ett sådant samtal hade framställt det företagsekonomiska kunskapandet och skrivandet som både inskränkt och osjälvständigt. Och detta ville jag inte utsätta vare sig mig själv, ämnet eller Johan Asplund för. Men jag strök meningen. Vilket jag i efterhand inte kan tolka som annat än ett nederlag.

Och jag undrar så klart vad Johan Asplund hade tänkt?

8.

Att diskutera Johan Asplunds texter låter sig inte göras utan att samtidigt beröra den stilistiska ådra som kännetecknar hans skrivande. För den är mycket särpräglad: en flyhänt prosa paras med de mest oväntade språkliga vändningar och utvikningar, samtidigt som det är aforistisk skärpa i stort sett i varje mening. Det är som om han försiktigt smakar på varje ord, låter de rumla runt i gommen, för att sedan ljuda fram dem – och sätta ihop dem med andra lika välsmakande ord – på ett för läsaren betydelsebärande sätt. Om man skulle få för sig att genrebestämma hans skrivande så ligger ”essän” kanske närmast till hands: Asplund prövar och nystar sig fram i och genom sitt skrivande.

Redan i de tidiga texterna lyser detta stilistiska drag igenom (se t. ex. hans två bidrag i antologin *Sociologiska teorier* från 1967)[6], men här blir också ett annat, och kanske inte lika ofta uppmärksammat, stildrag tydligt: De stegvist logiska resonemangen. Inte minst i *Sociala egenskapsrymder* från 1969, en på ytan ofta närmast outhärdlig övning i formella tekniker, finns det en sylvass skärpa i resonemangen. Och det är genom dessa som Asplund formulerar sin kritik ofta på ett subtilt sätt.

I boken *Avhandlingens språkdräkt* (2002a) diskuterar han sitt eget (och andras) skrivande, och föga förvånande ägnas ett av kapitlen åt ”Språkvård och ordglädje”. En balans mellan dessa två tycks vara Asplunds melodi; en alltför strikt språkpolisiär syn på skrivandet och dess produkter verkar hämmande för kreativiteten, samtidigt som alltför långt gångna språkliga upptåg med fördel bör stoppas då de i grunden är ”barnsliga”. Han sammanfattar sin hållning på följande sätt:

6 Se Asplund (1967b), s. 122–131 resp. 132–147.

> Ord är ting att tänka med. Därför skall man inte tro att ordglädje bara handlar om verbala lekar. De epistemiska (kunskapsmässiga) konsekvenserna av ens ordval kan bli stora.[7]

Form och innehåll är med andra ord oupplösligt sammanflätade. Asplunds stilistik förmedlar hans tänkande, på samma sätt som hans tänkande förmedlar det sätt på vilket han för sin penna.

9.

Johan Asplunds författarskap omfattar drygt 20 böcker. Det är förstås svårt, eller rent av omöjligt, att ens på ett någorlunda rättvist sätt redogöra för ett sådant produktivt författarskap. Vi tycker oss dock i hans författarskap kunna urskilja tre huvudlinjer, som delvis följer en kronologi.

Den första huvudlinjen utgörs av det Asplund på något ställe kallar sina ”ungdomsverk”. I böcker som *Om mättnadsprocesser* (1967a) och *Sociala egenskapsrymder* (1969) intresserar han sig för formella sociologiska modeller och resonemang, och det är i relation till denna sociologi som *Om undran inför samhället* (1970) låter sig skrivas. Samtidigt fortsätter dock Asplunds intresse för hur mer formella teoretiska resonemang och teoribyggen både kan användas och hur de begränsar oss. Kritiken om homo oeconomicus har vi redan berört ovan, men även i *Inledning till strukturalismen* (1973) finns en nyfikenhet om vad mer formella analyser kan tillföra.

Att teori både kan hämma och möjliggöra förmågan till aspektseende är temat för antologins två första bidrag. I ”Den undranslösa företagsekonomin” (kapitel 2) förundras Peter Svensson över företagsekonomins teoretiska tillkor-

7 Asplund (2002a), s. 27.

takommanden; och i ”Om verkligheten och vägar för den vetgirige” (kapitel 3) problematiserar Markus Hällgren och Anders Söderholm de företagsekonomiska teoriernas roller visavi det vi kallar ”verkligheten”. Det finns, som vi ser det, härvidlag en djup intressegemenskap med Johan Asplund ”den yngre”.

En andra huvudlinje i Johan Asplunds författarskap menar vi är metateoretiskt och utgörs av det han själv kallar för ”skrivbordssociologi”[8]. Han tycks ofta förundras över andras empiriska fältarbeten, medan hans egna verk huvudsakligen utgörs av en undran inför andras teoretiserande. Med detta inte sagt att Johan Asplund inte skulle vara empiriker: Asplund sätter snarare empiri på piedestal som något oumbärligt, och stämmer gärna upp i hyllningssång till de forskare som utvecklat ”den empiriska blicken” eller ”det verklighetstillvända ögat”, som han också kallar det.[9] Det som möjligen skiljer Asplund från andra empiriker är att han på ett i det närmaste systematiskt sätt närmar sig andra forskares arbeten som empiri. Han arbetar helt enkelt som en antropolog *in spe* med uppdrag att frilägga de värderingar och grundläggande antaganden som format (och formar) den västerländska kulturen – så som de företrädesvis kommer till uttryck i akademiska arbeten.

Denna verklighetstillvända skrivbordssociologi märks som tydligast från sent 70-tal fram till början av 90-talet: Från *Teorier om framtiden* (1979) via *Det sociala livets elementära former* (1987a) till ”tvillingverken” *Essä om Gemeinschaft och Gesellschaft* (1991) och *Storstäderna och det forteanska livet* (1992). I alla verken går Asplund på djupet i sina empiriska undersökningar, och i tre av verken centreras skrivandet kring

8 Asplund (1970), s. 81.

9 Asplund (2002a), s. 85.

begreppet ”tankefigur” – ett redskap han introducerat redan i *Teorier om framtiden*[10] för att tolka fram de grundläggande antaganden som gör det vi säger och det vi gör meningsfullt och begripligt.

Detta asplundska arv förvaltas i tre av antologins bidrag. I ”Makten över mervärdet: En tankefigur” (kapitel 4) ställer sig Daniel Ericsson och Pernilla Nilsson undrande inför begreppet ”mervärde” som på senare år fått ett stort genomslag i den företagsekonomiska diskursen; i ”Organisationsstrukturens rumsliga orientering” (kapitel 5) problematiserar Cecilia Bjursell ”pyramidens” roll i företagsekonomisk teori och praktik; och i ”En blick in i det företagsekonomiska tänkandets grundläggande struktur” (kapitel 6) intresserar sig Johan Alvehus för hur antropomorfisering (när artefakter tillskrivs mänskliga egenskaper) inverkar på de strukturer som företagsekonomer så gärna pratar om – och tänker med.

Den tredje huvudlinjen, till sist, i Johan Asplunds författarskap vill vi hänföra till Johan Asplund *den äldre*, även om också detta är ett stråk som kan sägas skära rakt igenom hela hans produktion: En förundran inför konsten och dess möjligheter att vidga de vetenskapliga sinnena och samtalen. Redan i *Om undran inför samhället* (1970) vänder sig Asplund till konsten för inspiration: hans idé om att betrakta världens många olika fenomen som gåtor att dechiffrera ges näring av detektivromanernas narrativa strukturer, betydelseangivelse utvecklas med hjälp av referenser till Tomas Tranströmers dikter och en längre utläggning kring Ulf Lindes tolkning av Marcel Duchamps glasmålning *La mariée mis à nu par ses célibataires, même* får illustrera vad Asplund lägger i sin idé om aspektseende. I böcker som *Hur låter åskan? Förstudium till en vetenskapsteori* (2003) och *Ord för ord. En polygraf* (2016) tycks

10 Asplund (1979), kap. 7.

det dock som att den inspiration han tidigare sökt övergår i ett slags imperativ: Det är ingen väsensskillnad mellan konst och vetenskap, de två praktikerna är istället nära besläktade, och därför bör vetenskapens företrädare verka för att upphäva den chimära gränsen dem emellan.[11] Möjligen övertolkar vi här den normativa aspekten i Asplunds budskap något, men det är svårt att värja sig för att han i sin senare produktion rör sig alltmer bort från rigorösa teoretiska utläsningar till mer självreflexiva gestaltningar av det snedstreck mellan konst och vetenskap han ställer upp.

Sammanflätningen mellan konst och vetenskap är något som utforskas i antologins tre sista bidrag. I ”Att se klart, i förundran: Konst och organisering” (kapitel 7) redogör Malin Gawell, Monika Kostera, Ann-Sofie Köping Olsson och Marja Soila-Wadman för sina möten med konsten och hur dessa berikat deras respektive förståelse för den del av företagsekonomin som handlar om organisering; i ”Je suis Gemeinschaft” (kapitel 8) vänder sig Matilda Dahl till konstens värld för att därigenom, inom företagsekonomins domäner, (åter)etablera en (värde)gemenskap bortom vår samtids krassa ekonomism; och i ”Om lugnet i stormen” (kapitel 9) läser Martin Holgersson Thomas Mann för att problematisera det ”väsen” – entreprenörskapets väsen – som i allt större utsträckning kommit att prägla dagens företagsekonomiska teorier och praktiker.

10.

”I begynnelsen var aspektseendet” låter Johan Asplund avsluta *Om undran inför samhället.*[12] Detta håller också vi för sant:

11 Asplund (2003), s. 20.

12 Asplund (1970), s. 128.

Ingenting framträder av sig självt utan ett specifikt seende. Det vi upplever som ett ”fenomen” framstår som ett ”fenomen” endast mot en specifik bakgrund; ”fenomenet” bryter så att säga mot våra bakgrundsförväntningar och måste som sådant ges någon form av betydelse – och kanske också förklaring. Men det är inte vilka betydelseangivelser som helst som Asplund vurmar för. De ska ha en poäng. De ska ge upphov till ”acklamatoriska” responser: ett skratt, ett ”aha!”, ett ”oj!” eller ett ”åh, fan!”[13]

Som vetenskapliga kvalitetskriterier är sådana acklamatoriska responser förstås allt annat än självklara. Företagsekonomin – liksom de flesta andra vetenskapliga discipliner med självaktning – håller sig helst med allvarsamhetens uttryck för kvalitet. Veckade pannor. Bistra miner. Reliabilitet. Validitet. Och på sin höjd en förvånad ögonbrynshöjning. Kanske en tupp i halsen av upprördhet när kollegornas texter inte anses hålla måttet?

Johan Asplund gick bort 2018. Denna bok kommer ut 50 år efter hans *Om undran inför samhället*. Med den här boken hoppas vi leva upp till de kvalitetskriterier Johan Asplund en gång ställde upp. Vi tror oss i Asplunds anda ha tagit ut svängarna en smula, och vi hoppas att fler företagsekonomer tar sig rätten att göra detsamma. Förhoppningen är att bidra till en aspektrikare företagsekonomi.

13 Asplund (1970), s. 124.

KAPITEL 2

Den undranslösa företagsekonomin

PETER SVENSSON

1.

”Men ... tror du inte på organisationer?” Frågan ställdes upprört till mig en gång på en konferens där jag precis hade presenterat huvudargumentet i en nyutkommen bok jag hade skrivit tillsammans med en kollega. I boken hade jag och min medförfattare ställt oss tveksamma till både viljan till och möjligheterna att kontrollera sin omvärld (jag antar att det är det som menas med ***management***). Vårt eget svar – som jag anser är helt okontroversiellt – var att möjligheterna till management var starkt överdrivna givet det sociala livets oerhörda komplexitet och mångdimensionalitet, men att tron på just sådana möjligheter dessvärre var avgörande för företagsekonomins legitimitet. Frågeställaren avslutade sitt inlägg med att irriterat muttra något i stil med: ”men varför jobbar du på en företagsekonomisk institution då?” Ja, det kan man ju verkligen fråga sig, tänkte, men sa jag aldrig. Istället sa jag något i stil med att det var viktigt att ekonomihögskolor även huserade skeptiker – eller som frågeställaren på konferensen möjligen insinuerade: ateister. Jag hade någon tanke, som jag aldrig utvecklade, om vikten av att skapa en forsknings- och lärandemiljö som byggde på frågor, nyfikenhet och förundran över, snarare än trohet till managementillusionen. Situationen på konferensen var absurd men intressant, och jag tänkte redan då att den hade illustrerat något viktigt som jag någon gång skulle vilja tänka på och skriva om. Nu gör jag det.

2.

Jag har alltid tyckt att ämnet företagsekonomi är ointressant.[1] Det är konstigt med tanke på att jag har spenderat mer än halva mitt liv på jorden som student, doktorand, forskare och lärare inom just ämnet företagsekonomi. Vad som har räddat mig, är att företagsekonomi är ett rikt ämne, åtminstone i en pekuniär mening. Politiker och näringsliv har gjort bedömningen att kunskaper i ekonomi är något som är viktigt och nyttigt för ett samhälles välfärd och välgång. Följaktligen har det alltid funnits mycket forsknings- och undervisningspengar på landets ekonomihögskolor – åtminstone jämfört med många andra samhällsvetenskapliga och humanistiska ämnen. Detta har inneburit stora studentgrupper och många forskningsprojekt i omlopp, vilket i sin tur har gjort det

1 Detta är egentligen inte helt sant. Min relation till företagsekonomi bygger på hatkärlek. Anledningen till att jag trots mitt stora ointresse för företagsekonomi ändå bestämde mig för att ansöka till forskarutbildningen var nämligen att det fanns möjligheter att göra intressanta saker *inom ramen för* den löst sammanhållna etiketten ”företagsekonomi”. Exempelvis har forskningsfält som *critical management studies* och *organizational discourse analysis* utgjort betydelsefulla undantag. Den kritik jag framför i denna text riktar sig mot lejonparten av den utbildning i företagsekonomi som erbjuds på landets ekonomihögskolor och universitet (det som på engelska ibland och lite vagt benämns ”mainstream”). Dessutom tycker jag mig kunna se en tendens i synen på och styrningen av forskning inom företagsekonomi som också förtjänar att diskuteras i termer av brist på undran. Mitt intryck är att företagsekonomin hade sin undranshöjdpunkt på 1980–1990-talen och att ämnet efter detta har förlorat mycket av den nyfikenhet och storögdhet som en gång trots allt lockade mig. Ibland var det faktiskt bättre förr, men det betyder givetvis inte att det inte kan bli bättre. Eller sämre för den delen.

möjligt att göra nästan precis vad man vill inom ramen för ”företagsekonomi”.

Till detta kan det läggas att samhället i dag är så pass genomekonomiserat att nästan allt går att studera som ekonomiska fenomen av något slag. Studier av traditionella industriföretags organiseringsprinciper har utvidgats till att innefatta forskning om till exempel existentiella konsekvenser av konsumtionssamhället, kulturella ritualer på aktiebolags årsstämmor och betydelsen av berättelser i arbetet inom offentlig sektor. Det är bra.

Men vad man möjligen skulle kunna kalla för ”traditionell” företagsekonomisk kunskap har för mig alltid framstått som oändligt ointressant. Problemet är att det är denna typ av företagsekonomi som fortfarande får lov att definiera mycket av det som görs i klassrummen och i mötena med studenter. Någon – oklart vem – förväntar sig att företagsekonomiska studier ska leda till en förstärkt anställningsbarhet. Ett ofta outtalat antagande är att anställningsbarhet uppnås genom att förmedla företagsekonomiska modeller och tankefigurer till studenterna. Målet med utbildningen av företagsekonomer tycks vara att producera effektiva och rationella beslutfattare till framtidens näringsliv och offentlig sektor.

3.

När jag som villrådig filosofi- och sociologistudent en gång i tiden fick framtidsångest och undrade vad jag skulle göra för att ”bli något”, fick jag det välmenande rådet att studera företagsekonomi. Det var alltid bra, sades det, att ha företagsekonomi i sin CV; arbetsgivare tänkte ju att företagsekonomi var nyttigt och produktivt, ja till och med rationellt. Att välja studier i företagsekonomi kunde ge intryck av att man hade gott omdöme och tog ansvar för sin framtid. Om man betraktade sig själv som en potentiell familjeförsörjare var företagsekonomistudier ett bra val inför framtiden.

När jag väl började studera tyckte jag att ämnet var platt och ointressant. Lärarna var visserligen bra, vissa mycket bra, men inte ens de kunde förvandla boxar, pilar och checklistor till något som väckte min nyfikenhet. Det fanns inga ordentliga frågor att diskutera eller outgrundliga mysterier som krävde att beforskas. Förvisso fanns det en hel del företagsekonomiska problem – och mer eller mindre färdigdesignade lösningar till dessa – men det fanns liksom inga undringar som kittlade vetgirigheten.

Jag hade emellertid turen att under en mörk period i mitt torftiga liv som student i företagsekonomi få möjlighet att läsa en kurs i etik, som bland annat snubblade in på Frankfurtskolan och Emmanuel Levinas, texter och tankar jag redan hade kommit i kontakt med i mitt liv innan företagsekonomin. Jag vet fortfarande i dag inte om det var meningen att kursen skulle ses på det sättet men det var i alla fall det som hände. Det var under denna kurs jag bestämde mig för att betrakta företagsekonomi som ett studieobjekt som jag kunde närma mig med hjälp av teorier, tankar och insikter från andra akademiska discipliner.

Hur kan det så komma sig att företagsekonomi bara blir intressant när frågor ställs utifrån teoretiska referensramar med sin härkomst i andra samhällsvetenskapliga och humanistiska ämnen? En möjlig hypotes är att företagsekonomi saknar undringar. Det är undranslöst. Det finns helt enkelt inte särskilt mycket att förundra sig över när man tänker på företagsekonomi som just – företagsekonomi.

4.

Frågor är grundläggande i vetenskapligt arbete; det är genom de frågor som ställs som vi inleder och avslutar forskningsprojekt. Frågorna som formuleras krattar manegen för de svar vi kommer fram till. Även inom företagsekonomi ställs det frågor men är det då samma som att *undra*?

Vad innebär det egentligen att undra? Att undra verkar nämligen skilja sig en hel del från att ställa frågor. Vissa frågor uttrycker undran, andra inte. Somliga frågor syftar till att reda ut relativt okomplicerade informationsunderskott: vad är klockan? Vad heter du? Går det här tåget direkt till Lund? Andra frågor fungerar som relationsbyggande talakter snarare än som uttryck för informationsbehov. ”Hej, hur är läget?” betyder nödvändigtvis inte att frågeställaren uttrycker ett genuint intresse för den andre personens sinnesstämning, utan är snarare ett sätt att (likt engelskans ”How do you do?”) befästa och vidmakthålla en relation mellan två bekanta.

Kanske skulle man kunna säga att formuleringen av en fråga är ett av de sätt på vilka en undran kan materialiseras, i det här fallet verbaliseras.[2] Att ställa en fråga är ett sätt att ge form och stadga åt en kanske vag undran som först ger sig till känna som en spontan känsla av ”hur kan det vara så här?”. Hur är det egentligen möjligt? Hur går detta ihop?

Undran är ett slags attityd till världen, ett barnsligt förhållningssätt (i positiv bemärkelse) som gör det möjligt att ställa de svåra och grundläggande frågorna om livet: ”Voffor gör di på detta viset?”, som rumpnissarna i Astrid Lindgrens historia om Ronja Rövardotter nervöst undrar om människorna.

2 Jag tänker mig att undran kan materialiseras även i andra former än som just frågor. I poesi, musik och konst kan undran uttryckas på sätt som är svåra att uppnå i vetenskapliga texter. Även i lekens fantasivärld kan ibland barnens undran inför världen uttryckas och bearbetas.

När jag en gång i tiden sökte mig till den akademiska världen och till slut bestämde mig för att göra ett försök att doktorera, var det denna nästan infantila attityd till världen som lockade mig. Tänk att få betalt som rumpnisse.

Jag hade en barndomsvän som – visade det sig – blev mycket provocerad av denna undrande attityd. Vi fick tyvärr aldrig möjlighet att tala ut om saken men jag tror att han tyckte att jag koketterade och gjorde mig märkvärdig när jag undrade saker om allt det som han och hans arbetskamrater tyckte (eller i alla fall hävdade) var naturliga och självklara. Min vän ansåg att jag var snobbig som satte mig över människors kneg och knotande och ställde frågor om sådant som tillhörde vanliga, hederliga människors vardagsliv. Människor med ”riktiga jobb” brukade han säga.

Jag blev ledsen men på sätt och vis förstår jag honom i dag. Människor som storögt går runt och undrar en massa blir i längden kanske besvärliga. Om de dessutom finansieras av skattemedel ja då kanske det rinner över för somliga. Akademin ger människor privilegiet att få vara barn hela livet. För vissa är detta stötande men för mig är det bara vackert.

5.

Företagsekonomiämnet är en udda fågel i den akademiska världen eftersom det befinner sig i ett gränsland mellan den akademiska världen och näringslivet. Industrialiseringen förde med sig ett behov av mer raffinerade metoder för organisering och styrning av tillverkning och distribution av produkter. Företagsekonomin sågs som ett svar på dessa behov och 1909 grundades Handelshögskolan i Stockholm, som erbjöd utbildning i vad som då kallades för handelsteknik, föregångaren till dagens företagsekonomi.[3] Det är med andra ord tveksamt om det ens vid ämnets barndom fanns något att undra över; det har från starten rört sig om problemlösning snarare än problemsökande och undrande.

Även om ämnet har förändrats mycket sedan grundandet av Handelshögskolan i Stockholm – och alltmer har antagit formen av en samhällsvetenskap – tycks rötterna i praktisk problemlösning fortfarande utgöra företagsekonomins DNA. Kampen mellan praktik och teori – en i min mening feltänkt dikotomi – är ständigt närvarande på seminarier, konferenser och i studenternas kursvärderingar.

Det är i denna dragkamp mellan praktik och teori, mellan problemlösning och problematisering, mellan näringslivsanknytning och undran, som en forskare och lärare i företagsekonomi lever sitt yrkesliv.

6.

Frågan som ställdes till mig på konferensen var absurd. Samtidigt var den på något vis fullt rimlig om företagsekonomin förstås som ett slutet axiomatiskt system som vilar på ett antal premisser, vilka inte kan ifrågasättas utan att hela systemet riskerar att implodera. Mina upplevelser från konferensen kan ses som ett exempel på just detta: tron på organisationer sågs där och då som en premiss för att få lov att befinna sig i rummet. Det var som om det fanns ett outtalat antagande om att det som förenade oss där och då var en tro – kanske inte en naiv sådan men ändå en tro – på att organisering och management kan hjälpa oss att komma till rätta med många av de problem samhället och världen har i dag.

Det finns en rad grundvalar som i ett slags tyst överens-

3 Engwall (1980).

kommelse passerar obemärkt genom föreläsningssalarna och examinationerna, ofta utan alltför högljudda protester. En av dessa är, i brist på ett bättre ord, *managerialism*, alltså idén om att världen kan och bör övervakas, kontrolleras och styras mot vissa på förhand uppställda mål. Managerialismen är för företagsekonomin vad rationalismen var för modernismen. Den underliggande urkraften i det mesta av den företagsekonomi som proklameras på ekonomiutbildningar är tron på styrning och kontroll. Inom marknadsföring handlar det om att övervaka och styra marknader, varumärken, konsumenters associationer och relationer. Inom finans handlar det om att få styr på kapitalflöden av olika slag. Redovisningens roll är att, förutom att skapa transparens och överblick, få koll (eller kontroll) på företagets finansiella ställning och flöden. Inom delämnet organisation spenderas det mycket tid på att prata om hur man ska kunna styra människor, deras tankar, känslor och – inte minst – handlingar. Området strategi talar nästan för sig själv. Det strategiska tänkandet och rationell planering är grundbultar som befinner sig bortom undran.

En annan grundval inom det företagsekonomiska tänkande är *instrumentalismen*. Organisationer, marknader och finansiella system förstås och hanteras som ett slags maskiner, och tanken är att företagsekonomisk kunskap kan erbjuda insikter i denna maskins maskinists hemliga kompetenser. Vilka knappar ska det tryckas på? Vilka relationer behöver smörjas regelbundet för att maskinen inte ska skära ihop? Hur ska tillförsel av bränsle (arbetskraft, material och kunskap) ske på bästa sätt?

Dessa grundvalar bidrar till företagsekonomins axiomatiska karaktär. Om forskare, lärare, studenter och fakultetsledningar väljer (i den mån det ens är ett val) att tro på dessa företagsekonomins premisser, så finns det inte särskilt mycket kvar att undra över. Frågorna som kan ställas är maskinistens. Hur ska man få maskinen att gå snabbare? Hur ska den bli mer effektiv och tillförlitlig? Hur ska den utvecklas för att klara sig även i framtiden?

Det är viktigt att påpeka att jag inte menar att dessa frågor är meningslösa. För en maskinist är det helt rimligt att bekymra sig över just sådana frågor. Frågorna är däremot ointressanta. Med "ointressanta" menar jag inte någon luddig bedömning av vad man finner intressant eller ej. Jag menar alltså inte att intressanta frågor skulle vara något subjektiv. Nej, jag sticker ut hakan och påstår att intressanta frågor är intressanta *i sig*. De är objektivt intressanta för att de bygger på undran.

7.

Bristen på undran inom ämnet företagsekonomi kommer till uttryck på flera sätt. Det finns en tendens bland studenter i företagsekonomi, som jag inte har hört talas om i andra akademiska sammanhang, och det är den ofta uttryckta önskan efter praktik snarare än teori. Det är inte sällan att man i studenternas kursvärderingar stöter på kommentarer i stil med: "kursen var alltför teoretisk; vi behöver mer praktiska inslag på kursen".

Det är svårt att med säkerhet veta vad som avses med "teoretisk" i den här typen av kommentarer men jag misstänker att det handlar om graden av abstraktion på litteratur och resonemang på kurserna. Teoretiska kurser uppfattas då som mindre relevanta för den tänkta framtid studenterna ska arbeta i, i rollen som revisor, chef, marknadsförare eller konsult.

Bland företagsekonomiska studenter har det länge varit populärt med gästföreläsare. Inte sällan får dessa inhopp från chefer på välkända företag lovord från studenterna.

Gästföreläsningarna ges av människor från den så kallade ”verkligheten” och verkar ofta uppfattas av studenterna som människor som vet vad som gäller. De vet skillnaden mellan det som funkar på riktigt och det som bara är teoretiskt flum.

Ett annat populärt inslag på företagsekonomiska utbildningar är så kallad fallbaserad undervisning eller casemetodik. Detta är en pedagogisk idé som sägs ha rötterna i Harvard Law School och Harvard Business School och deras användning av autentiska fallbeskrivningar i undervisningen. Syftet är att träna studenterna i konkret diagnosarbete och beslutsfattande. Att arbeta med fall kan vara ett bra sätt att exemplifiera abstrakta teoretiska resonemang och översätta generella resonemang till konkreta situationer. Problemet med fallbaserad pedagogik är att falldiskussionerna saknar undran. Det finns inget mysterium som obevekligt pockar på vår uppmärksamhet och nyfikenhet. Det finns *frågor* men falldiskussionerna är – såvida man inte gör något helt annat än vad de är avsedda för – annars plågsamt undranslösa. De frågor studenterna förväntas finna svar på är ”vad är problemet här?” och ”vad ska man göra för att lösa detsamma?” Det finns alltså ett dolt problem som ska lösas, inte en undran som ska formuleras. Även om jag kan se många förtjänster med casemetodik har jag svårt att förstå hur denna typ av undervisning ska kunna bidra till studenternas intellektuella utveckling på något djupare plan. Jag tror helt enkelt att studenterna återigen måste lära sig att undra. Som när de var barn.[4]

4 En kritiker av mitt argument skulle här möjligen kunna invända att det är viktigt att möta studenterna där de står och respondera på denna önskan om mer praktiska inslag på sin utbildning. Med risk att uppfattas som osympatiskt förnumstig vill jag då ändå betona skillnaden mellan att ge studenter det de vill ha och det de behöver. Vad det senare kan vara är förstås öppet för diskussion, men min övertygelse är att studenter – och kanske viktigare: världen – behöver ställa de stora och

8.

En annan tendens jag tycker mig kunna skönja är karriärstänkandets alltmer centrala roll i organisering och styrning av enskilda medarbetare och studenter på ekonomihögskolor. Karriären lyfts ofta fram som en viktig utgångspunkt, kanske den viktigaste, för hur man ska planera sin forskning eller sina studier. Den idealbild av en forskare i företagsekonomi som får lov att dominera idag är en person som bedriver forskning på ett ytterst smalt område – en expert. Att ha breda forskningsintressen är således inte en styrka. Tvärtom kan detta ses som ett tecken på brist på fokus och allmän luddighet i sin profil (läs: varumärke). Att drivas av nyfikenhet och förundran kan straffa sig.

Även för studenter på forskar- och grundnivå har karriärstänkande kommit att bli central för hur studierna förstås och organiseras. Jag tror mig känna av en underliggande idé om att alla beståndsdelar i en utbildning – kurslitteratur, enstaka kurser, tentor och examensarbeten – är byggstenar i en förestående karriär. Karriärsbyggandet inleds redan på A-nivån medan lärandet och den personliga utvecklingen kommer i andra hand.

Inte heller forskarutbildningen har förskonats från karriärstänkandet. När jag under en tid arbetade som studierektor för forskarutbildningen i företagsekonomi blev jag ofta uppmanad att bygga in karriärplanering och karriärstöd som en del i forskarutbildningen. Forskarutbildningens syfte var alltså inte begränsat till att bidra till doktorandens utveckling till en självständig och välfungerande forskare, utan skulle även inkludera en tanke på framtida anställningsbarhet.

Ett led i detta arbete är att uppmuntra doktoranderna till

---

svåra frågorna, frågor som vi ställer med stora ögon och öppen mun, frågor som ska undersökas snarare än lösas.

att skriva sammanläggningsavhandlingar. Monografier anses helt enkelt inte som bra för karriären. Form och innehåll är emellertid inte isolerade storheter i ett forskningsprojekt. Texternas format och volym definierar gränserna för vilka frågor som kan ställas och vilka svar som kan levereras. Att skriva och helst publicera fyra eller fem artiklar förutsätter att doktoranden tidigt i avhandlingsskrivandet har bestämt sig för vad som ska undersökas och – helst – vilka svar hen troligen kommer fram till.

Detta är antitesen till att undra, att låta sig förvånas. Att tillåta sig bli överraskad, att upptäcka och att gå vilse för att sedan finna en ny väg framåt. Om man vill försätta sig i ett tillstånd av undran – och då menar jag verkligen *undran* – kan det vara viktigt att släppa på kontrollen och låta sig översköljas av de idéer, tankar och infall som forskningsprocessen för med sig i sin stundtals kaotiska virvelvind. Det kan vara läskigt men samtidigt spännande när man väl har lärt sig njuta av det.

Karriärsorientering dödar denna öppenhet för undran. Pressen att bli färdig i tid, att publicera sina fyra eller fem artiklar, kan pressa även den mest nyfikne doktorand till att ställa frågor med färdiga svar, frågor vars svar logiskt följer ur det axiomatiska system inom vilket man bedriver sina studier.

Att uppmuntra studenter, doktorander och forskare att istället för att följa nyfikenhetens lockelser tidigt begränsa sig och ställa smala frågor, vars svar i princip kan härledes a priori inom det givna paradigmet, är att säga: Om du håller karriären kär, sluta undra!

9.

Jag är ambivalent inför optimister. Å ena sidan kan jag avundas dem, de som med en axelryckning tar livet med en klackspark och insisterar att "det ordnar sig alltid". Optimister verkar ha det trevligt och de verkar dessutom ganska behagliga att leva med. Ångest och rädsla hålls på en armslängds avstånd. Jag skulle vilja vara optimist.

Å andra sidan tycks nästan alla optimister vara ointressanta. Det finns inga frågor kvar. Allt ordnar sig bara man sköter sig, dricker måttligt, borstar tänderna varje dag och hälsar trevligt på grannarna. Optimister verkar vara undranslösa. Jag vill verkligen inte hemfalla åt optimism.

En anledning till att företagsekonomi saknar undran ar möjligen att ämnet alltigenom bygger på en optimistisk inställning till framtid och utveckling. Ett annat sätt att uttrycka detta tillstånd är att företagsekonomin är beroende av – och därför besatt av att vidmakthålla – en övertro på *management*. Management, tron på att människan kan och bör kontrollera det vilda omkring oss, är som tidigare har berörts en grundläggande byggsten i det företagsekonomiska luftslottet. Bakom varje företagsekonomiskt problem ruvar en ej ännu upptäckt managementlösning som bara väntar på att bli funnen.

Den företagsekonomiska optimismen kommer även till uttryck i form av en utpräglad lösningsorientering. De problem som behandlas i den fallbaserade undervisningen är tänkta att lösas, gärna med de redskap som studenterna fått tillgång till genom sina studier i företagsekonomi. Lösningsorienteringen berikas med ett analytiskt angreppsätt på företagsekonomiska problem. Genom att bryta ner en situation i sina beståndsdelar tänker man sig att delarna kan justeras och manipuleras för att sedan återigen sammanfogas till en ny och nu problemfri helhet. En arbetsprocess justeras, policyer skrivs om, en chef byts ut eller en strategi revideras. Som en urmakare öppnar upp urverket, byter ut och fixar till de delar som kärvar, för att sedan sätta samman klockan igen och se: nu tickar den som den ska igen!

Min pappa som arbetade som brandman brukade säga att ”det finns inga problem, bara lösningar”. Det är nog en inställning som håller en brandman vid liv men jag blev aldrig helt övertygad. Det var nog därför jag blev forskare och inte brandman.

10.

När man som företagsekonomisk forskare ska drista sig till att formulera en undran på ett seminarium eller i en text kan man ibland få ilskna responser från publik och läsare i stil med: ”Men är detta verkligen företagsekonomi?”. Ja, är det det egentligen? Någon gång, inte nu men när jag har bättre självförtroende, tänker jag svara: ”Nej, det jag hoppas jag verkligen inte!”

KAPITEL 3

Om verkligheten och vägar för den vetgirige

MARKUS HÄLLGREN OCH ANDERS SÖDERHOLM

1.

Vår vardag och vårt samhälle innehåller många organisationer som vi rör oss inom och mellan. Allt från bostadsrättsföreningen till idrottsklubben, och från det globala företaget, närköpet och Försäkringskassan till Nordiska rådet och Pingstkyrkan är organisationer som i varierande utsträckning påverkar vårt liv och vår gemensamma utveckling. Det är därför inte förvånande att organiserade sammanhang också är av intresse inom många vetenskapliga discipliner.

Att ställa frågor om det organiserade umgänget och att på olika sätt skapa förståelse för organisationer som samhälleliga fenomen är centralt för företagsekonomin i allmänhet och av den del inom företagsekonomin som ibland kallas organisationsvetenskap i synnerhet. Att förstå organisationer kan naturligtvis inspireras av olika vetenskapliga domäner och praktiska sammanhang.

I klassisk, nationalekonomisk, bemärkelse är företagets syfte att maximera det ekonomiska utbytet av verksamheten. Företaget antas vara ett sammanhållet maskineri med effektiv resursomvandling som grundläggande ambition. Denna nationalekonomiska syn på organisationen erbjuder i sin tur en likaledes nyttomaximerande utgångspunkt för att förklara det som sker inom företaget eller mellan företaget och dess omgivning.

Beslutsfattande är ett sådant område. Beslutet kan beskrivas som ett optimeringsproblem med ett bästa alternativ givet att man förmår definiera problemet och de till buds stående handlingsalternativen. På så sätt kan investeringsbeslut, beslut om egen tillverkning i stället för inköp, företagsförsäljningar och annat både förklaras och, vad mera är, normeras i förhållande till en ideal och eftersträvansvärd modell. Verkligheten[1] reduceras till en avvikelse från det perfekta, från det rätta.

I Herbert Simons klassiska bok *Administrative behavior* från 1947[2] ges dock verkligheten lite större spelutrymme. Han betraktade besluten som centrala för att förstå organisatoriskt (eller administrativt) beteende. Skillnaden är dock att han även beaktar de kognitiva och psykologiska begränsningar som är för handen, bland annat som en följd av den osäkerhet som präglar beslutsfattande, och på så sätt formar han en förståelse för beslutsfattandet som är komplexare, men också mer verklighetsnära, än vad som antas i neo-klassisk litteratur.

Så småningom kom Richard Cyert och James March att ta resonemangen om organisatoriskt beteende ett steg längre i *A behavioral theory of the firm* som publicerades 1963[3]. De problematiserade det organisatoriska livet genom att också

1 Med "verklighet" avser vi inte en objektiv sanning som är möjlig att fånga, oavsett metod, utan en observation av vad som förefaller ske vid en viss tidpunkt, en viss plats och i ett visst sammanhang. Den "verklighet" som observeras är således en av många verkligheter där din verklighet troligen skiljer sig från min, i större eller mindre utsträckning. Med "verklighet" avser vi därför de mönster som kan observeras i praktiken.

2 Simon (1947).

3 Cyert & March (1963).

diskutera informationssökningsbeteenden, målkonflikter, förhandlingar och koalitioner. Organisationer uppvisar olika egenskaper som exempelvis sekventiellt beslutsfattande, tillfredsställande (i stället för optimalt) beslutsfattande och skapande av överskottsresurser för att omhänderta osäkerhet och bristfällig koordination. Det finns också ett beroende av tidigare agerande och erfarenheter, det vill säga organisatoriskt lärande, snarare än att varje situation möts med de effektivitetskriterier som gäller vid varje enskilt tillfälle.

James G. March har senare många gånger utvecklat de resonemang som fanns eller antyddes i *A behavioral theory of the firm*. Den mer problematiserande och verklighetsanknutna beskrivningen av organisationen som fenomen som Cyert och March stod för, innebar också att en organisationsteoretisk forskningstradition växte fram. March bidrog som nämnt till den utvecklingen och gjorde det dessutom med ett särskilt band till forskare i de skandinaviska länderna, vilket har inneburit många samarbeten och utbyten mellan amerikanska organisationsteoretiska forskningsmiljöer, inte minst vid Stanford University, och miljöer i Skandinavien.

Därför är det inget nytt att konstatera att det finns diametrala skillnader mellan ett neoklassiskt synsätt på beslutsfattande och ett i empiriska studier grundat organisationsvetenskapligt synsätt. Många forskningsbidrag till den framväxande organisationsvetenskapen har haft som utgångspunkt att kritisera den enögda neo-klassiska modellens begränsningar för att förstå verkligheten. Även Johan Asplund gör detta i boken *Om undran inför samhället* (1970). När han diskuterar vad det är som egentligen behöver förklaras så skriver han:

> Tag till exempel det klassiska antagandet om den *ekonomiska människan*. Man har inom ekonomisk och sociologisk teori

> närmast som en självklarhet antagit att människan försöker maximera sin vinst. Det är då ett förhållande som man anser sig inte behöva förklara.
>
> [...]
>
> Vad som däremot *behöver* förklaras är avvikelser från det teoretiska idealet ”den ekonomiska människan”; om någon *inte* försöker maximera sin vinst, så framstår detta som ett fenomen, som någonting besynnerligt som kräver en förklaring: det är *irrationellt* att inte försöka maximera sin vinst.
>
> Om detta kan man lämpligen fråga sig: Varför i helvete det då? Varför skulle det inte kunna vara ett precis lika naturligt grundantagande att människan *inte* försöker maximera sin vinst? Och *om* nu någon går in för att maximera sin vinst – visst kan *det* framstå som ett fenomen?[4]

Det Asplund opponerar sig mot är att det inte alltid är självklart vad som framstår som naturligt och vad som kräver förklaring. Utan att ifrågasätta vad vi tar som självklart riskerar vi att förblindas av våra egna för-givet-tagna föreställningar om verkligheten. Men samtidigt menar Asplund att själva förenklingen – i än den ena eller andra riktningen – kan vara problematisk i sig. Asplund skulle nog ha ryggat tillbaka såväl inför påståendet om att vinstmaximering är det naturliga som inför påståendet om dess motsats, av den enkla anledningen att båda är mer av en (avslutad) förklaring än en genuin undran inför samhället.

Att undra innebär att ställa frågor som *söker* svar i stället för att formulera utgångspunkter som är svar. ”Vad betyder...” är helt enkelt en rikare fråga då den öppnar snarare än sluter, jämfört med ”Antag att...” vilket begränsar och definierar. När en undran formuleras så är svaret ett sam-

4 Asplund (1970), s. 120f.

manhang, ett meningsfullt nätverk av relationer i tid och rum, snarare än en absolut observation eller position. Det är det som skapar rikedom av aspekter, vilket i ett sociologiskt eller för den del organisationsvetenskapligt sammanhang, också kan ge verkligheten utrymme att framträda i all sin komplexitet.

2.

Undran och förklaring är, såsom ovan beskrivits, exempel på två vetenskapliga förhållningssätt som på många sätt är varandras motsatser. Inom en disciplin kan det absolut finnas utrymme för båda typerna av kunskapsbildning. I syfte att till exempel forma ett beslutsstödssystem eller en kalkylmodell för investeringar, så kan en rationell vinstmaximerande syn på beslutsfattande vara funktionell som utgångspunkt och förebild. Det är gott och väl. I andra fall vill forskningen ta reda på hur beslutsfattandet går till och använder då metoder där frågorna, och undrandet, ges utrymme och på så sätt avtäcker aspektrika beskrivningar som underlag för analys. James G. Marchs arbeten kring beslutsfattande utgör ett sådant exempel[5]. Det är också gott och väl.

Det finns dock en risk med att de två förhållningssätten blandas samman. Risken, i ett praktiknära kunskapsfält som företagsekonomi med många kunskapssugna studenter, är att den aspektfattiga och avskalade normeringen av beslutsfattande missuppfattas som en avbild av verkligheten, snarare än som den teoretiska och normerande förebild som

5 Det är inte här möjligt att till fullo redogöra för de bidrag James March har gett till hela det organisationsvetenskapliga fältet men för en relativt bred genomgång av förhållandet mellan organisationer och beslutsfattande så samlade han en mängd inflytelserika bidrag i en bok som kan tjäna som en viktig referens till hela forskningsfältet så långt det då hade nått vid tidpunkten, se March (1988).

den egentligen är. Beslut fattas inte på det sätt som modellen beskriver men trots detta får studenter lära sig att det är så det går till. Och, vad värre är, forskningsprojekt kan ta sig an frågan att förklara hur mycket av verklighetens beslutsfattande som avviker från den sanna modellen. Och simsalabim är det verkligheten som det är fel på.

Några av anledningarna till att det blivit på det sättet kan härröra från det faktum att företagsekonomi som ämne och praktik tenderar att vara praxisnära och söka snabba och enkla lösningar på många gånger komplexa problem. Detta skapar en grogrund för konsultdriven kunskapsbildning med vacklande teoretisk bas som sprider en normerande, idealiserad "best practice". I nästa steg finns det en tendens inom ämnet att låta denna "best practice" utgöra grunden för forskning som då kommer att visa på avvikelser från den idealiserade best practice-bilden snarare än förklara och problematisera verklighetens aspektrikedom. I vår forskning har vi visat hur detta till exempel präglar kunskapsbildningen av projektledning i stort men även specifika områden som till exempel riskhantering inom projekt.[6]

Möjligen kan denna sammanblandning accepteras när de frågor som förklaras är av rent monetär natur, till exempel kalkylmodeller för investeringar eller värdering av tillgångar med mera. Det föreligger dock fortfarande en problematik även där, eftersom investeringarna siar om en osäker framtid och ett mänskligt beteende kopplat till detta. Dock äger samma misstag rum även inom andra delar av det företagsekonomiska ämnet där det är uppenbart svårare att acceptera, till exempel när ledarskap, organisationsförändringar eller projektledning diskuteras i termer av hur man *ska* leda, hur

6 Vi har tidigare, tillsammans med våra kollegor, analyserat hur detta förhållande har påverkat forskningen och kunskapsspridningen inom projektledning, se Hällgren m.fl. (2012).

man *ska* driva förändringsarbete eller hur en projektledare *ska* uppträda. Den kunskapssyn som sådana framställningar bygger på har vanligen sin grund i en rationell och aspektfattig verklighetsbeskrivning som näppeligen kan ligga till grund för några råd om hur ett agerande i en aspektrik verklighet ska utformas.

Återigen tas dessa normerande verklighetsbilder som utgångspunkt för forskning som inte kan komma längre än att konstatera att den observerade verkligheten avviker från den icke-existerande teoretiska konstruktion som forskningen utgått ifrån. Då har den normerande förklaringen gått för långt. Då har verkligheten fått stryka på foten helt enkelt och forskningen reducerats till just avvikelseanalyser som bidrar föga till att öka förståelsen av vad sociala processer (eller vad det nu är som studeras) egentligen betyder. Allt det som Johan Asplund varnade för i *Om undran inför samhället* för ett halvt sekel sedan.

Det är förstås möjligt att problematisera ovanstående resonemang i det oändliga. Många exempel finns att tillgå inom det företagsekonomiska fältet där olika typer av aspektfattiga förklaringar uppträder som avbilder av verkligheten när de egentligen är normeringar. Det finns säkerligen motsvarande problematik inom flera andra vetenskaper men företagsekonomiämnets storlek, funktion som styrmedel inom samhället, ständiga strävan efter effektivitet och en praxis som betonar rationalitet är några egenskaper som gör att risken ökar för de typer av sammanblandningar som behandlats ovan.

Utifrån ovanstående kan vi då stillsamt undra om det aspektfattiga sättet att förhålla sig till verkligheten, hur den än må te sig, ska tillåtas prägla ämnet? Vi påstår att det inte behöver vara så. Det är fullt möjligt att stärka förmågan att undra, och därmed förmågan att föra in fler dimensioner, tänkesätt och perspektiv, för att på så sätt öka aspektrikedomen och framhäva möjliga alternativa tolkningar av verkligheten. Det är därför nu också dags att diskutera vägar framåt för att, i den anda som Johan Asplund och James G. March representerar, förbättra och förstärka den kollektiva förmågan att undra inför samhället inom det företagsekonomiska ämnet.

3.

Om det nu är på det viset att det finns en problematik inom det företagsekonomiska ämnet som har att göra med att enkla, aspektfattiga, verklighetsskildringar tas som utgångspunkt för att beskriva en tänkt verklighet, för att utbilda om hur man lämpligen agerar i denna verklighet och, sist men inte minst, för att utforma kunskapssökandet eller forskningen om verkligheten, så är frågan vad man skulle kunna göra åt detta? Hur kan man stimulera ett mer aspektrikt förhållningssätt till verkligheten, till utbildningen och till kunskapssökandet?

Tre vägar eller förhållningssätt, som kan vara viktiga att arbeta med för att nå detta syfte diskuterar vi i det följande.

4.

Den första vägen benämner vi *Ifrågasätt det etablerade – låt fakta överraska.* Otaliga historiska exempel såsom Galileo Galileis bevingade ord ”och ändå rör hon sig” med hänvisning till jordens form inför inkvisitionens domstol, och Thomas Kuhns[7] vetenskapsfilosofiska resonemang om svårigheten med att ifrågasätta rådande paradigm visar på problemen med att

7 Kuhn (1962/1996).

ifrågasätta det etablerade. Inom alla vetenskaper och djupt rotat i det mänskliga beteendet finns en tendens att hålla fast vid vad vi tar för sant. Det är tryggt och säkert. Ett ifrågasättande av det etablerade kommer därför att ställas inför ett motstånd där andra personer kommer att kämpa för sin livsåskådning. Det kommer också att vara svårt att hitta mönstren som går mot det etablerade till att börja med. Likväl är det just ifrågasättande av det etablerade som ligger till grund för att undra och se fler variationer av verkligheten.

Likt Galilei påstår vi att ifrågasättandet av det etablerade behöver ta sin början i den aspektrikedom som vi har för ögonen, det vill säga den mångfald som vi observerar vid ett visst tillfälle. Vi behöver också låta denna aspektrikedom överraska oss, oavsett vilket värde vi tillskriver den. Det kan innebära att aktivt fråga sig om det möjligen kan vara precis tvärtom mot vad vi inledningsvis tror, kan det vara så att vissa observationer pekar i en annan riktning än den vi inledningsvis finner som mest trolig, det vill säga att det vi känner som ett träd egentligen är elefantens ben?

Ett sätt att låta fakta överraska oss är därför att aktivt försöka finna nya aspekter i ett material. Om det empiriska materialet som ligger till grund för våra observationer är i form av fallstudier eller intervjuer, så kan en aktiv läsning av flera kollegor ge underlag för en tolkande diskussion. Denna kan i sin tur leda till att verkligheten förstås på ett bredare och delvis nytt sätt. Fler nyanser och perspektiv möjliggörs. Seminariet som umgängesform är centralt för detta. Att arbeta aktivt med manuskript som diskuteras löpande är en annan viktig beståndsdel. Forskningsarbete i team med ömsesidigt utbyte är en viktig nyckel.

Observationer är, som bekant, inte neutrala i förhållande till de utgångspunkter (eller metoder) som frambragt dem. Som man frågar får man svar. Därför kan ett andra sätt för att låta observationer överraska vara att förändra eller pröva de utgångspunkter som man haft för kunskapssökandet och sedan pröva observationer mot dessa förändrade utgångspunkter. I exemplet ovan, där Asplund citerades, är en sådan förändring att exempelvis *inte anta* att vinstmaximering är utgångspunkten mot vilken observationer ska tolkas. Vad händer om ett investeringsbeslut helt plötsligt ska förstås utifrån utgångspunkten att vinstmaximering *inte* är det som driver beslutsfattandet. Det skulle kunna öppna för alternativa tolkningar om att olika typer av relationer eller tidsbrist kan träda fram som beslutsvariabler som har ett högre förklaringsvärde.

Det skulle leda till att observationer *inte* visade hur väl, eller mindre väl, man lyckats vinstmaximera utan i stället visar vilka omständigheter som har ett avgörande inflytande på beslutsfattandet. Denna typ av ”övning” för att bredda tolkningsförmågan relativt fakta skulle kunna vara en mer eller mindre standardiserad del av analysen i syfte att öka förståelse, aspektrikedom och värde i forskningens resultat.

5.

Den andra vägen väljer vi att kalla *Riv murarna – arbeta flervetenskapligt.* Det innebär att vi kan öka förmågan att undra inför samhällets processer och vardande i stort, genom att bortse från den vetenskapliga inlåsning i snäva teoretiska discipliner med de begränsade siktmöjligheter som en enskild teoretisk utgångspunkt erbjuder.

Att därför inte söka svaret på forskningsfrågorna genom att enbart penetrera dem med hjälp av *en* teoretisk utgångspunkt, utan att istället söka bredda förståelsen genom att också konsultera angränsande vetenskapliga fält kan därför vara ett viktigt sätt för att skapa aspektrikare förståelse för samhällets fenomen.

Som forskare behöver man helt enkelt komplettera den ofta stränga fokuseringen på specialistkunskap mot bredare, i vårt fall, samhällsvetenskaplig förståelse. Genom att bygga eller aktivt delta i tvärvetenskapliga forskningsmiljöer – läsa vetenskapliga tidskrifter från flera fält, bevista andra seminarier än dem man normalt deltar i, läsa litteratur, besöka disputationer och konferenser inom ämnen som man inte riktigt känner sig hemma i, men som ändå är så pass nära att en samhällsvetenskaplig allmänbildning gör att man kan förstå och följa diskussionerna, så fördjupas ett flervetenskapligt förhållningssätt.

Organisationsvetenskapen är ett gott exempel som i Sverige i stor utsträckning har kommit att definieras som ett företagsekonomiskt forskningsfält med det ”grannskap” av litteratur som företagsekonomin normalt erbjuder. Men, i andra länder och i andra akademiska miljöer, så är samma frågeställningar snarare en del av statsvetenskap, sociologi och psykologi och har på så sätt utvecklats i relation till andra teoretiska strömmar och vetenskapliga samtal.

Utmaningen är därför att dels få fatt på de organisationsvetenskapliga bidragen inom exempelvis statskunskap, dels att, när så är gjort, också söka de mer grundläggande statsvetenskapliga litterära och teoretiska sammanhang som påverkat den statsvetenskapligt färgade organisationsvetenskapen. Och på samma sätt för sociologi eller andra ämnen som kan vara av intresse.

Universiteten är ofta inte konstruerade för att underlätta ett aktivt sökande efter flervetenskapliga sammanhang, snarare utgör det moderna universitetet hinder för ett sådant angreppssätt. Det kräver därför både vilja, förmåga och intresse. Det är enklare att ”gräva där man står” men mer belönande och utvecklande att besöka de fält av kunskap som finns bakom närmsta kulle.

6.

Den tredje vägen kallar vi *Passionen – älska dina problem.* Forskning och utbildning behandlas understundom som alltigenom rationella verksamheter, vilka forskare, lärare och studenter också förhåller sig rationellt till. Det är ett jobb, en uppgift, som ska genomföras och den genomförs av förnuftsmässiga skäl på ett sätt som är fritt från känslomässiga infall och forskarens involvering. Forskaren förväntas helt enkelt vara en fluga på väggen när den enskilda och allenarådande verkligheten passerar. Det är en sorts Weberiansk byråkrati som kommer i arbete, där val av forskningsmetod eller utbildningsform till synes grundas på ovedersägliga resonemang med tydlig klangbotten i den logiska argumentationen. Återigen är det företagsekonomiska ämnet offer för sin framgång. Den eftersträvade effektiviteten, den ekonometriska exaktheten i modeller, bidrar till att skala av känslan och kärleken till förmån för beräkningen och logiken. Därtill är både läraren och studenten tränade genom år av skolning, från vaggan och framåt i livet.

Bekymret är att detta i högsta grad bidrar till att minska synfältet inom utbildningen. Om forskningens problem inte på allvar berör eller engagerar forskaren så är det förstås inte så noga om forskningens problem är riktigt intressanta eller korrekt återgivna. Om utbildningen inte är en engagerad strävan eller drivs av en passion för ämnet så gör det kanske inte så mycket om det som lärs ut saknar solid grund i verkligheten. En aspektfattig syn på verkligheten är helt enkelt bekvämare, och kan tyckas enklare att förmedla. Den går att sammanfatta i en enkel modell med enkla samband. Att lyfta fram en aspektrikedom kräver obekväma frågor och engagerade samtal, samt att vara bekväm med den osäkerhet samtalen ger upphov till. En oengagerad lärare och student ser undervisningssituationen som en fråga om att lära in och upprepa vid en examination. En engagerad lärare och student ser det aspektrika samtalet som det fenomen som gör resan värd.

Som forskare bör man därför skapa ett känslomässigt förhållningssätt till sin forskning, till sina vetenskapliga problem, som gör att man är villig att anstränga sig och att söka upp fler alternativ, mer kunskap och fler aspekter av verkligheten. James G. March formulerar detta väl i den korta men kärnfulla artikeln ”A scholar's quest” från 2011:

> A university is only incidentally a market. It is more essentially a temple – a temple dedicated to knowledge and a human spirit of inquiry. It is a place where learning and scholarship are revered, not primarily for what they contribute to personal or social well-being but for the vision of humanity that they symbolize, sustain, and pass on.... Higher education is a vision, not a calculation. It is a commitment, not a choice. Students are not customers; they are acolytes. Teaching is not a job; it is a sacrament. Research is not an investment; it is a testament.[8]

Passionen för det egna ämnet är livsnerven för att också skapa aspektrikedom i Johan Asplunds mening. När Asplund beskriver mordgåtans rebusartade hemligheter så är det orsakssammanhang och betydelser som inte går att fånga om man inte verkligen tränger in i frågan med en kraft som bara ett stort engagemang förmår uppbåda. Asplund beskriver hur Ellery Queen löser gåtor med uppfinningsrikedom, plötsliga insikter och genom att låta frågor ligga olösta länge; han hänvisar också till Koestlers diskussion om vetenskap

8 March (2011), s. 356.

och humor.[9] Allt detta hänger samman med behovet av att kombinera logisk vetenskap med nyfikenhet, ovillighet att stanna upp vid det till synes självklara och att alltid ha nära till skratt eller skämt, liksom med personliga drivkrafter och en passion för att vilja finna fler aspekter och nya sammanhang. Annars får forskaren nöja sig med den första, ytliga, förklaringen eller med att konstatera att det inte finns något att förklara.

Passionen kommer inte gratis. Den kräver intresse och nyfikenhet. Det är forskarens eget ansvar att för sig själv och i sin kollegiala närmiljö skapa detta. På samma sätt är det studenten och läraren som gemensamt måste locka fram nyfikenheten och det stora engagemanget för verklighetens mysterier, så att villigheten att söka aspektrika förklaringar till varjehanda bekymmer eller utmaning blir en självklar del av det vetenskapliga arbetet. I detta skapas mysteriet snarare än infångas. Om detta kan uppnås så har man också dragit en lans för mer undran inför samhället!

7.

Med dessa tre vägar för den vetgirige har vi velat fästa uppmärksamheten på möjligheten, och kanske också skyldigheten, att som företagsekonomisk forskare skapa ett bredare, bättre och aspektrikare underlag för kunskapssökande och kunskapsförmedling. Det är Johan Asplunds undrande arbetssätt och Marchs kreativa diskussion som vi har velat förmedla med dessa kortfattat diskuterade vägar. Både Asplund och March har nyligen lämnat oss, men deras idéer och ambitioner är fortsatt viktiga som förebilder för nya generationer av forskare, lärare och studenter av vår tid.

9 Asplund (1970), s. ??

KAPITEL 4

Makten över mervärdet

En tankefigur

DANIEL ERICSSON OCH PERNILLA NILSSON

1.

Plötsligt dyker det upp, till synes från ingenstans. Det lilla ordet ”mervärde”. Och det dyker upp i de mest skiftande sammanhang, med självklarhetens pondus.

LO-förbunden går i en pressrelease ut med att de nu erbjuder sina medlemmar ett nytt fördelaktigt medlemslån kopplat till ett Mastercard under varumärket ”LO Mervärde”; fastighetsmäklare talar om att 70-talshus i ”brunt tegel och grå betong” kan ha ”hög funktionalitet” och att detta kan ge ett ”mervärde som kan spegla sig i ett bättre slutpris”; Konsumentföreningen Stockholm och Skansen ingår samarbetsavtal för att tillsammans skapa mervärde genom att erbjuda sina medlemmar och besökare aktiviteter för att sprida kunskap på temat hållbarhet; och Holmen investerar miljardbelopp i vindkraftverk därför att storskalig vindkraft, enligt företagets VD, är ett ”bra sätt att få ut mervärde från vårt skogsägande”.[1]

Utan tvivel ses mervärde i dessa sammanhang som någonting viktigt. Så pass viktigt att det anses kunna få LO-medlem-

1 LO (2019); Hellekant (2019); Konsumentföreningen Stockholm (2019); *Direkt Affärsvärlden* (2019).

mar att belåna sig, potentiella fastighetsköpare att bjuda över varandra i jakten på renoveringsobjekt, Konsummedlemmar att gå till Skansen för ökade kunskaper, och företag att investera för både klimatets och balansräkningens skull. Med mervärde för ögonen förväntas människor helt enkelt göra sådant som de annars inte skulle göra. Men vad *betyder* mervärde?

2.

En slagning i Mediearkivet på ”mervärde” ger vid handen att begreppet under 2019 förekommit ca 5 500 gånger i svensk dagspress. Det är nästan dubbelt så mycket som temat för denna antologi, ”företagsekonomi”, förekommer – och mer eller mindre i paritet med begrepp som ”bildning”, ”vinster i välfärden” och ”entreprenörskap”. För att nu nämna ord som har en viss aktualitet i dagens debatter.

Nystar man sig bakåt i tiden visar det sig att ”mervärde” inte alltid varit i ropet. Fram till början av 1990-talet kunde den årliga förekomsten av begreppet räknas på ena handens fingrar (1986 var det till och med helt mervärdesfritt i medierna), och det är först i början av 1990-talet som antalet artiklar summerar till tvåsiffrigt.

Men så plötsligt händer det. 1995 ökar användningen av begreppet närmare 500 procent – från 12 artiklar 1994 till 57 artiklar; och från den nivån blir antalet artiklar för varje år fler och fler. 1996 noteras 66 artiklar, 1997 summeras det till 91 artiklar, och så vidare i hyfsat jämn och stadig takt. Ett smärre hopp sker 2002 då användningen ökar med 250 procent till följd av att vissa nya webbmedier inkluderas i Mediearkivet, och ”all time high” i mervärdesräkningen sätts 2017 då *Folkbladet* inte mindre än 5 000 gånger under ett par intensiva vårmånader marknadsför sin TV-bilaga på webben med devisen: ”TV-bilaga på onsdagar ger mervärde åt den som vill veta mer." Rensat för sådana slags "mervärden" kan man konstatera att begreppsutvecklingen de senaste åren stabiliserats kring en nivå om 5 000 förekomster.

I denna backspegel ter sig 1995 som ett avgörande år. Det var då begreppet fick luft under vingarna och sakta men säkert blev till en stapelvara på tidningssidorna. Låt oss därför göra ett par nedslag i några av just det årets artiklar i vilka begreppet inte bara förekommer *en passant* utan också ges ett rikt innehåll.

Hur gick tongångarna – där och då?

3.

Vårt första exempel kan på sätt och vis sägas sätta tonen: Bert-Olof Svanholm, ordförande i Sveriges Verkstadsindustrier och VD för svenska ABB, inleder årets mervärdesskörd med ett debattinlägg i *Svenska Dagbladet*[2]. Svanholm går här till storms mot arbetsmarknadsminister Anders Sundström som i ett utspel lovat att skapa "lika många jobb som det finns arbetslösa" i privata företag. Svanholm opponerar sig mot att detta skulle låta sig göras utan omfattande reformer vad gäller hur arbetsmarknadens olika parter förhåller sig till varandra. Uppdelningen mellan arbetare och tjänstemän, och därtill hörande olika kollektivavtal, menar Svanholm är uttryck för en "föråldrad social ordning". Denna tillsammans med illusionen "att tillväxt kan styras centralt" och "det fackliga postulatet om centralt bestämda löneökningar", leder i fel riktning. Lönesättning måste bli individuell och lokalt framförhandlad, menar Svanholm, varpå han slår ett slag för hur de på ABB organiserat arbetet i nya flexiblare och kompetensberikande former och med ett ökat individuellt ansvarstagande.

2 Svanholm (1995).

Sitt resonemang motiverar Svanholm i termer av ”mervärde” – som till och med fått en egen rubrik i debattartikeln. Under denna står att läsa:

> I dag räcker det inte med att uppnå hög produktivitet och bra produkter och utmärkt kvalitet. Detta klarar också våra konkurrenter. Framöver måste vi ge våra kunder ett mervärde, t.ex. tillskott i affärsutvecklingen. Detta kräver i sin tur att våra anställda har en bredd och kompetens, som ger möjlighet att vidareutveckla produktionsmetoder och affärsidéer i framkanten av marknadens krav. Enkla lösningar som snabbt och utan problem ökar tillväxt och sysselsättning finns inte. All industriell verksamhet bygger på tålmodigt och systematiskt arbete, där resultaten kommer successivt.

Knappt en vecka efter Svanholms debattartikel rapporterar *Svenska Dagbladets* Nils-Erik Lindell[3] om vad som kan tänkas bli en ny svensk exportvara: En ny teknik som möjliggör för företag att sätta pris, inte efter vad produkterna kostat att framställa, utan efter hur kunden upplever nyttan. Det är företaget Teknosell som specialiserat sig på att ”lära ingenjörer att göra affärer”, och bland kunderna märks Telia, Ericsson och Volvo.

Teknosell kallar sin metod för ”Business engineering” – vilket också är namnet på den bok företagets Lage Rosvall[4] gett ut för Sveriges Exportråds räkning och som nu publiceras på internationellt förlag. Metoden sägs svara an mot den ”kulturrevolution” som sker inom näringslivet, och som ställer etablerade tänkesätt på ända. Per-Anders Broman på Teknosell får lägga ut texten i artikeln:

3 Lindell (1995).
4 Rosvall (1992).

> Den svenska tillverkande industrin gör, liksom konkurrenterna i industrialiserade länder, inte längre enbart varor, som de säljer till kund, de vidareförädlar produkten, de lägger till mjukvara, utbildning och annat. De säljer inte längre resurser utan resultat.

A och O är dock att den av kunden upplevda nyttan kan mätas – och att den faktiskt mäts. Annars är det hart när omöjligt att "sälja kundekonomi" och få kunden att betala "för det mervärde han får ut av sin produktion", säger Broman.

I augusti skriver Henri Pagod[5] om mervärde i reklambyråbranschen. Vinkeln är här dock något annorlunda: Wilhelm Mohn, senior engagement manager på McKinsey Scandinavian Marketing Practice, ges utrymme att förklara varför marknadsavdelningar måste ses som strategiska resurser och inte som en funktion bland andra. Anledningen står att finna i den alltmer hårdnande konkurrensen. "Produkter och tjänster blir, objektivt sett, allt mer lika varandra och kostar ungefär lika mycket", förklarar Mohn, och fortsätter: "Därför ligger den stora utmaningen i att lyckas differentiera sig så att man åtminstone uppfattas som annorlunda (bättre) än konkurrenterna. Då kan varumärkena laddas med immateriella mervärden som det dessutom går att ta betalt för."

I skapandet av mervärden blir marknadsföring och försäljning företagens viktigaste strategiska resurser, enligt Mohn. Men värdeskapandet måste genomsyra hela företaget:

> All personal i företaget ska veta vad de ska göra för att bidra till att skapa de värden som ska särskilja det egna företaget från andra. Det gäller att förstärka de budskap som kunderna nås av i andra sammanhang, till exempel i reklamen.

5 Pagod (1995).

... Det är till exempel ingen dum idé att låta företagsväxeln ligga under marknadsavdelningen.

I McKinseys framgångsrecept sitter marknadsavdelningen i förarsätet; det är här strategierna formuleras i samklang med ledningen, och det är härifrån strategierna kommuniceras på ett enhetligt sätt. De värdeskapande strategierna förutsätter dessutom ett nytt förhållningssätt till marknaden: Det gäller att vara närvarande, att lära känna sina kunder ända ned på individnivå, att ingå i strategiska partnerskap, att lära av sina konkurrenter – och att på ett systematiskt sätt arbeta med sina erfarenheter för att på så vis kunna individanpassa sina produkter och tjänster.

Vårt sista nedslag får bli en artikel om det då statliga Telia[6]. Företaget beskrivs vara fullt sysselsatt med att ragga kapital för att inte halka efter i teknikutvecklingen, och för att kunna möta den hårda konkurrens som kommer att uppstå när telemarknaderna i Europa avregleras 1998. Telia måste bli "mer aptitligt på den internationella kapitalmarknaden" poängteras det i artikeln. Men det är lättare sagt än gjort. 10 miljarder i kapitaltillskott behövs de närmaste åren, lyder VD Lars Bergs beräkning. Men staten har hittills varit avogt inställd till att skjuta till kapital. Lars Berg har därför gång på gång upprepat sitt budskap om att staten måste sälja ut Telia, och låta företaget börsnoteras. Och mycket talar nu för att så också kommer att ske. Dels värderas Telia till 50–60 miljarder – vilket vore en synnerligen god affär för staten, dels når företaget inte upp till lönsamhetskravet staten ställt upp om 17 procent. Samtidigt tappar företaget marknadsandelar på grund av en hårdnande inhemsk konkurrens.

Men inte enbart utförsäljning står på VD Bergs agenda.

6 Frostell (1995).

En nyorientering av själva attityden är att vänta: Telia ska sälja sig bättre – och det särskilt i att ”tillhandahålla utrymme för att överföra stora informationsmängder”. Det Berg ser framför sig är att man som kund ska kunna ”plocka hem” CD-rom-skivor och filmer till den egna datorn via telenätet. Borta är den tid då Telia hade monopol på telefonjacken, nu talas det istället om att varje kund ska få en ”personlig Telia-man, eller Telia-kvinna”. Målet sägs vara att ”skapa mer avancerade, och dyra, behov hos kunder, och senare förstås också hindra dem från att flytta till konkurrenterna”. ”Den grundläggande bastelefonin blir så billig att vi behöver skapa mervärde. Underhållningselementet lär folk att använda den nya tekniken”, sammanfattar Lars Berg sin vision.

4.

Satta under lupp framträder ett tämligen ordnat samtal om mervärde, en diskurs, där inte enbart budskapet som avhandlas ter sig ensartat. Också vilka som får komma till tals ter sig tillrättalagt. 1995 är året då det svenska EU-medlemskapet träder i kraft och Sveriges internationella konkurrenskraft än mer måste accentueras av exportberoende branschers ledande auktoriteter och påhejande konsulter. Det är nog inte någon slump att aktörerna ges utrymme i just *Svenska Dagbladet*, en rikstäckande dagstidning vars ledarsida beskrivs som ”partipolitiskt oavhängig med beteckningen obunden moderat”; och ”redigeras på en värdegrund av förenad liberalism och konservatism.” 20 av de totalt 57 artiklarna om mervärde 1995 publiceras just i denna tidning.

Betraktat som en *företagsekonomisk* diskurs ramas artiklarna in av den marknadsliberala orientering som vid denna tid kan betraktas som allt mer självklar för såväl statliga företag som kommersiella. Marknadsföringsgurun Philip Kotler svävar som en ande över de svenska företagsledarna med sin bok *Marketing management*[7] och den däri saluförda tesen om att det skett ett filosofiskt skifte i marknadsföringstänket: Produktions-, produkt-, och försäljningsfilosofier är passé. Det som nu gäller är marknadsperspektivets filosofi. En ”kulturrevolution” på sitt sätt.

Revolutionens avantgarde utgörs med självklarhet av några av de allra tyngsta näringslivstopparna och marknadsföringskonsulterna. Som auktoriteter på området får de definiera de utmaningar de ser framför sig för svenskt näringsliv och ringa in den marknadsorientering som de menar måste till för att möta den hårdnande konkurrensen. Telias VD Lars Berg utgör därvidlag inget undantag. Utifrån de förhållanden som Telia vid denna tid verkar utifrån, som statligt affärsdrivande verk, ges han massmedialt utrymme att framföra sina krav på marknadsanpassning. Avreglering, privatisering och kundanpassning blir i sammanhanget legitima svar på de brister han ser i såväl kapitaltillförsel som utvecklingsmöjligheter.

Mervärden kretsar här kring individuella lösningar, snarare än produkter. För Wilhelm Mohn på McKinsey verkar det överlag vara ointressant att tala om produkter. Istället leder det uttalade behovet av differentiering över till ett fokus på varumärken – sådant som produkter är tänkta att bli igenkända av och förknippas med – och hur dessa varumärken laddas med värden som uppskattas av den väl inringade målgrupp som företagets erbjudanden riktas till.

Mervärdet för Telias kunder blir i Lars Bergs tappning en fråga om valfrihet i ett mångfacetterat underhållningsutbud och tillförlitlig leverans samtidigt som kunden förväntas bli mer aktiv i sin relation till företaget. I allt väsentligt räknar

7 Kotler (1980).

Berg med att den svenska befolkningen förmår kompetensutveckla sig själv i teknikanvändningen, genom sitt växande intresse för ett utbud som erbjuds över nätet.

Differentierade erbjudanden och kundanpassning blir så nyckelord i näringslivspraktikerna och dessa bedrivs bäst utan politisk inblandning. Att ha realia för ögonen istället för illusioner, tycks vara Bert-Olof Svanholms retoriska svar på de politiska propåer som kommer från arbetsmarknadsdepartementet.

För en marknadsföringskonsult som Wilhelm Mohn tycks det å andra sidan mer handla om image management än om att tillförsäkra kunderna en produktkvalitet som de redan sägs kunna förvänta sig. Att kunna skapa ett intressant och framgångsrikt mervärde för kunderna relaterar han till det värdeskapande som i övrigt behöver bedrivas i företagens ingående verksamheter. Det beskrivs här snarare i termer av delaktighet än som produktion och leverans. Först i och med en sammanhållen förståelse över hur företagets anställda uppfattar företaget självt och sina egna insatser som del i marknadsorienteringen, kan företaget, enligt Mohn, skapa mervärde i nära samverkan eller i samproduktion med sina kunder.

Inte helt oväntat lägger diskursens auktoriteter över ansvaret att skapa mervärde på marknadsavdelningarna; det är helt enkelt i de marknadsdrivna affärsprocesserna som konkurrenskraft skapas. Konkurrenskraft handlar inte primärt om företagsinterna frågor om kollektivanställda och deras villkor eller hur dessa villkor skiljer sig eller sammanfaller med villkor som andra grupper av anställda arbetar utifrån. Och det räcker inte längre att vara framgångsrik när det gäller produktionsvillkor och produktkvalitet. Det är i kundföretagens behovstillfredsställelse som mervärden kan utläsas.

5.

Den företagsekonomiska diskurs om mervärde som så formeras under 1990-talet framträder än tydligare om tidsperspektivet förlängs till att även inbegripa den epok som 90-talets mervärdesförespråkare i det närmaste dödförklarar: Den industriella. Mervärde har, visar det sig då, helt andra betydelser och som i vissa avseenden går stick i stäv med 90-talets tongångar.

En första sådan betydelse kommer till uttryck i *Arbetet* hösten 1887. Den Malmöbaserade tidningen har inte mer än ett par månader på nacken, men går redan i bräschen för den socialistiska rörelse ur vilken fackföreningar och Det socialdemokratiska partiet snart ska födas. Tidningens undertitel – ”Organ för klassmedveten arbetarrörelse” – är minst sagt talande, och förpliktigande i sina politiska (bildnings)-ambitioner. Den radikale chefredaktören, tillika tidningens grundare, Axel Danielsson översätter därför själv Karl Marx skrifter, och låter läsekretsen ta del av valda delar ur *Kapitalet* som getts ut på tyska 1867. Den 29:e oktober 1887 är det dags för en text om ”Värdeteorien – Ett kapitel ur nationalekonomien”, och här sätts för första gången det marxistiska begreppet ”mervärde” på pränt i ett svenskt sammanhang.

> Varuproducenten, eller, då det här handlar om storindustrien, kapitalisten låter sig dock alls icke nöja med att förskaffa sig bytesvärden och vid deras afyttrande uppnå större fördelar än andra varuproducenter. Han vill icke blott frambringa bytesvärden för andra utan förvärfva sig värde i sig sjelf och icke blott värde utan mervärde, d.v.s. han vill för värdet af de genom honom producerade varorna erhålla ett större värde i försäljningspriset än det han nedlagt i produktionen, och här är det arbetarne som måste tillfredsställa hans mervärdesbegär.

Den idé som skrivs fram här kan sägas utgöra kapitalismens själva grundbult: Att kapitalisten inte fullt ut ska betala arbetskraften för det den producerar, och att skillnaden mellan det värde arbetskraften producerar och det värde som arbetskraften erhåller med självklarhet ska tillfalla kapitalisten. Annorlunda uttryckt är mervärde alltså det obetalda arbete som kapitalisten approprierar från arbetarna – eller, om man så vill, det underpris som kapitalisten betalar för att mer eller mindre fritt få disponera arbetarnas liv och leverne – såväl på som utanför den kontrakterade arbetstiden. Just denna aspekt kom att avhandlas i en artikel i *Arbetet* den 2:a oktober 1888. Under rubriken ”Huru kapitalet handskas med arbetarens helsa och lif” står att läsa:

> I synnerhet har Marx i ”Das Kapital” framdragit ett stort antal exempel på, att den engelska fabrikantklassen i sin hunger efter mervärde, åsidosatt hvarje hänsyn till de i dess tjenst trälande arbetarne, och hon måste genom statens ingripande tvingas att upphöra med helsoskadliga, ja direkt mördande metoder i produktionsprocessen.

Denna marxistiska förståelse av mervärde och dess negativa konsekvenser inunder den ”kapitalistiska hungern” vindlar sig från 1880-talet och framåt genom arbetsmarknadspolitiska, ekonomiska och samhällskritiska debatter. Som ett slags kommunistiskt spöke är den allestädes närvarande, men utan en alltför markerad närvaro. Förutom vid två tillfällen. Söker man på ”mervärde” i Kungl Bibliotekets databas över ”Svenska Dagstidningar” framgår det hur ”mervärde” tydligt manifesterar sig vid två tidpunkter. Dels i början av 1960-talet i skatterättsliga sammanhang då det skrivs spaltmeter om ”mervärdesskatt”, en ny typ av skatt som – efter fransk förlaga – skulle komma att ersätta den tidigare ”omsättningsskatten" (omsen) och innebära "en beskattning av mervärdet i varje led till skillnad mot omsen som var en skatt i sista ledet mot konsumenten"[8]. Dels under 1970-talet då begreppet upplever något av en renässans i de samtal som berör arbetslivets förnyelse. De negativa konsekvenserna av mervärdets fördelning mellan arbetare och kapitalister kom här att problematiseras i termer av alienation, arbetsplatsdemokrati, medbestämmande, socioekonomisk rättvisa och lönesolidaritet – även om mervärde till viss del kom att ersattas av begreppet "övervinster", inte minst i debatten om de s.k. löntagarfonderna där ambitionen från fackföreningsrörelsens sida var att öka arbetstagarnas inflytande över företagen genom att successivt göra dem till ägare. Att vinster skulle överföras från företagen till fonder kontrollerade av fackföreningarna var givet – men exakt hur detta skulle ske tvistade de lärde länge om. I SOU:n *Löntagarna och kapitaltillväxten* från 1979 utreds till exempel huruvida basen för kapitaluttaget ska vara löne- eller mervärdesbaserat. Mervärde ses här som synonymt med "förädlingsvärde" och definieras som "summan av arbetets och kapitalets bidrag till produktionen"[9].

Löntagarfonderna infördes under den socialdemokratiska regeringen 1982. Och avvecklades 1991 av den då nytillträdda borgerliga regeringen. Sedan dess lyser det marxistiska mervärdet med sin frånvaro i mediebevakningen – med undantag från en och annan kulturjournalist som nostalgiskt blickar tillbaka på den tid som flytt.

8 Brissle & Sandberg Nilsson (2018).

9 SOU (1979:8), s. 127.

6.

Två till synes olika diskurser om mervärde kan så ställas mot varandra. En företagsekonomisk diskurs i vilken en marknadsliberal och individualistisk syn på mervärde kommer till uttryck; och en industrialistisk – eller om man så vill ekonomisk-politisk – diskurs i vilken mervärde kläs i marxismens kollektivistiska språkdräkt. Man skulle kunna säga att det är immaterialitet som står mot materialitet.

För att ytterligare inskärpa skillnaderna mellan dessa två diskurser vänder vi blicken mot Johan Asplunds författarskap, och särskilt mot hans ”utkast till heuristisk modell för idékritisk forskning”[10]. Denna modell är en slags variant – för att inte säga, utveckling – av den marxistiska idén om att det råder en dialektik mellan överbyggnad och bas – eller, annorlunda uttryckt, att allt det vi för stunden tänker, känner och tror på står i ett oupplösligt förhållande till de materiella produktionsförhållandena. Asplund väljer dock att modifiera denna idé på tre punkter. För det första överger han begreppet överbyggnad till förmån för begreppet diskurs; för det andra ger han basen en betydligt vidare betydelse genom att i begreppet inkludera allt det som är materiellt i en ”bokstavlig bemärkelse”[11]; och för det tredje skjuter Asplund in en medierande nivå mellan diskurs och bas – en ”tankefigurernas nivå”[12].

Asplund har goda skäl för att modifiera den marxistiska doktrinen på detta sätt. Å ena sidan söker han en idékritik som inte låter sig reduceras till enbart vissa aspekter av samhället, och å andra sidan väjer han för den typ av determinism som sätter likhetstecken mellan idealitet och materialitet.

10 Asplund (1979).
11 Asplund (1979), s. 154.
12 Asplund (1979), s. 149.

Alltför mycken idéhistorisk forskning, menar han, begränsar sig till att jämföra det som sägs vid olika tidpunkter, samt att förklara eventuella skillnader och likheter utan att dessa relateras till (förändringar i) de materiella grundvalarna. Tankefigursnivån fungerar i detta avseende som korrektiv mot att idealitet och materialitet kollapsar till en enda analysnivå.

Kort uttryckt är grundtankarna i Asplunds modellbygge dessa: Att förstå innebörden av en diskurs låter sig inte göras utan att den underliggande tankefiguren förstås – vilket i sin tur inte låter sig göras utan förståelse av den bas mot vilken tankefiguren svarar. Diskurserna ses här som ”diskurser över tankefigurer”[13], de *genomlöper* så att säga tankefigurerna[14], medan tankefigurerna ses härstamma från basen samtidigt som de går utöver densamma. Diskurserna överskrider därmed tankefigurerna, precis som tankefigurerna överskrider basen.

Dessa överskridanden betyder å ena sidan att diskurser inte handlar *om* tankefigurerna, och å andra sidan att tankefigurer inte på ett entydigt sätt bestäms av basen. ”Mot *en* tankefigur”, skriver Asplund[15], ”svarar alltid många diskurser”, och på samma sätt tycks han mena att det ur basen emanerar en uppsättning tankefigurer. Denna uppsättning är dock, i förhållandet till antalet diskurser, mycket begränsad. Tankefigurerna är under en given epok få – och de uppvisar därtill, enligt Asplund, en särskild tröghet. ”Tiden går vida fortare på den diskursiva nivån än på tankefigurernas nivå”[16] – samtidigt som tankefigurerna släpar efter den materiella utvecklingen och i regel överlever de mest basala revolutioner.

13 Asplund (1979), s. 150.
14 Asplund (1979), s. 149.
15 Asplund (1979), s. 162.
16 Asplund (1979), s. 162 ff.

Ett exempel får illustrera: Asplund menar att den pedagogiska diskurs i vilken Jean Piagets utvecklingsteori har sin givna plats förefaller mer eller mindre obegriplig om den inte går att återföra på en tankefigur som inbegriper en distinktion mellan "barn" och "vuxen". Samtidigt är denna diskurs en bland många olika konkurrerande pedagogiska diskurser. Å andra sidan; skulle man lyckas "tänka bort" tankefiguren barn/vuxen skulle många av vardagslivets högst materiella praktiker förefalla umbärliga. Arbetsliv, utbildningsväsende, boende- och rekreationsformer – ja, mycket av det vi tar för givet bygger på tankefigurens distinktion mellan barnet och den vuxne. Till och med det vi äter och hur vi klär oss skiljer sig åt, i enlighet med tankefiguren. Utan den vore barn helt enkelt att betrakta som "små vuxna" – vilket också var fallet ända fram till 1800-talet. Först då, poängterar Asplund[17], etableras "barndom" som ett distinkt begrepp – trots (eller tack vare) febrila aktiviteter på såväl diskursiv som basal nivå.

Vad som är "hönan eller ägget" vid en tankefigurs etablering är förstås omöjligt att svara på; tankefigurer, diskurser och basala förhållanden förändras och utvecklas över tid, i ett ömsesidigt givande och tagande. Och samma basala praktiker och diskurser kan mycket väl ge näring till, och näras av, andra tankefigurer, som flätas samman på de mest intrikata sätt. Mot tankefiguren barn/vuxen svarar också till exempel vitt skilda diskurser om strafflagstiftning och medicin; och samma materiella bas som ger upphov till tankefiguren barn/vuxen kan också föranleda tankefigurer som *Gemeinschaft/Gesellschaft*[18] och kaos/ordning[19].

17 Asplund (1979), s. 150.
18 Jfr Asplund (1991).
19 Blomberg (1995).

För att åskådliggöra denna dynamik framställer Asplund sin modell som en riktad graf där punkter i form av diskurser, tankefigurer och baser över tid förbinds med enkelriktade pilar[20]. Den progression som uppstår karaktäriseras av två flöden: vid en och samma tidpunkt går pilarna uppåt i modellen (från bas till tankefigur, och från tankefigur till diskurs), och mellan två olika tidpunkter sammanfaller pilarnas riktning med tidens förlopp. Detta innebär att en diskurs vid en given tidpunkt är en produkt av dels den tankefigur som råder vid tidpunkten och därigenom indirekt av basen, dels av de diskurser, tankefigurer och baser som varit rådande tidigare i historien. Och på samma sätt är tankefigurer vid en given tidpunkt produkter av samtidens basala förhållande, och dåtidens diskurser, tankefigurer och baser.

Att förstå innebörden av en diskurs kan så, utifrån den riktade grafens dynamik, preciseras till att handla om att upprätta förbindelser mellan dåtidens och samtidens diskurser, tankefigurer och basala förhållanden, och att göra det på ett sådant sätt att de tre nivåerna hänger samman på ett meningsfullt sätt – eller inte. Det ter sig minst lika angeläget för Asplund att framtolka de tankefigurer som utvecklas på den diskursiva nivån, som att klargöra ifall en specifik diskurs saknar klangbotten i en specifik tankefigur.

7.

Utifrån Asplunds heuristiska tankefigursmodell väcker frågan om de två mervärdesdiskursernas förmodade olikhet nya frågor: Löper de två diskurserna genom olika tankefigurer? Och om så; bottnar de två diskursernas olikheter i en basalt ändrad materialitet? Ett jakande svar på denna senare fråga

20 Asplund (1979), s. 155.

får konsekvenser för svaret på den förra, så låt oss börja vårt nystande i basen.

En inledande reflektion är att näringslivsföreträdarnas tendens att tidskontrastera sina budskap pekar i riktning mot att det de facto skulle föreligga förändringar i basen. En föråldrad social hierarkisk ordning, kännetecknad av centraliserad lönebildning och starka fackföreningar, ställs mot en digitaliserad och decentraliserad ekonomi. Med andra ord: Basen för *vad* som skapar mervärde och *var* detta värde skapas har förändrats. Från att ha varit en i högsta grad materiell fråga om hur vinst fördelas mellan kapitalägare och arbetare, och där mervärdet knyts till en överblickbar och kontrollerad produktionsprocess, har mervärde blivit till en fråga om de immateriella marknadsvärden som uppstår i och genom ett utvidgat erbjudande i form av utbildningar och tillgänglighetstjänster – vilka realiseras i mötet med kunderna. Det är nu inte längre de teknologiskt orienterade produktionscheferna som styr och ställer över mervärdets förmering och fördelning. Istället är det marknadsförarna som skapar mervärde i attraktiva och gränsöverskridande samarbeten.

Denna verklighetsbeskrivning känns inte minst igen från marknadsföringslitteraturen, som under 1980-talet på bred front formerar en stark kritik mot det industrialistiska ”produktionstänket”. Under beteckningar som ”service management”[21] och ”image management”[22] samlas en rad prominenta forskare, och med devisen ”sanningens ögonblick” går SAS:s karismatiske vd Jan Carlzon[23] i bräschen för den nya tidens tjänsteproduktion. Men verklighetsbeskrivningen känns också igen från de många förhoppningar som under

21 Grönroos (1992); Normann (1984).

22 Barich & Kotler (1991).

23 Carlzon (1985).

1990-talet börjar knytas till "den nya ekonomin" och som tar sig uttryck i en rad normativa idéer om hur arbetslivet måste förändras för att möta accelererande teknikutveckling, avreglering och globalisering. Frågan är dock i vilken utsträckning dessa typer av "There Is No Alternative" (TINA)-retorik[24] bottnar i basala förändringar – eller om de utgjorde (och fortfarande utgör) just retorik?

En förändrad bas skulle kunna tala för att de två diskurserna genomlöper olika tankefigurer – och att deras betydelser därigenom skulle vara i grunden oförenliga. Mycket talar dock för att så inte är fallet: Dels kan vi med Asplund i ryggen förmoda att tankefigurer och baser etsar sig fast. Om de överhuvudtaget förändras så sker förändringar över mycket lång tid. Dels förefaller det som om det finns sprickor i retoriken. Även om det talas i termer av "kulturrevolution" så tycks näringslivsföreträdarna stå – förvisso med blicken riktad framåt – tämligen fast förankrade på den kritiserade industrins fabriksgolv. Bert-Olof Svanholms svepande generaliseringar om att "all industriell verksamhet bygger på tålmodigt och systematiskt arbete, där resultaten kommer successivt" pekar till exempel inte mot några revolutionerande basala förändringar – snarare är det en konservativ "back to basics" som kommer till uttryck.

Revolution sker måhända därför enbart på pappret, snarare än i förändrade sätt att organisera och leda konkreta verksamheter. Mervärdet i form av "övervinst" tillfaller ännu ägarna av produktionsmedlen; arbetarna säljer ännu sin arbetskraft till underpris; lagen om medbestämmande präglar ännu det dagliga beslutsfattandet i arbetslivet; varuproduktionen utgör fortfarande den ekonomiska ryggraden

24 För diskussion av detta uttryck, ofta tillskrivet Margaret Thatcher som symbol för den marknadsliberala syn som etablerades i 1980-talets Storbritannien, se: Paulsen (2019).

när BNP varje år sammanställs; och masskonsumtionen är fortfarande grå till sin karaktär, inte bjärt individualiserad.

Möjligen har digitaliseringen förändrat vardagen för en del av arbetskraften i termer av var och hur arbetet utförs. Och helt säkert erfar många konsumenter förändrade tjänsteerbjudanden, konsumtionsmönster och distributionssätt i digitaliseringens kölvatten. Vilka lärdomar som kommer att dras av den pandemi som i skrivande stund plågar världen och vilka konsekvenser dessa lärdomar får för organisering av arbets- och konsumtionsmarknader återstår att se. Men för stora grupper arbetstagare ter sig digitaliseringens revolutionära potential än så länge företrädesvis som just en potential.

Och meningen med arbetet, den existentiella dimensionen av att arbeta inunder kapitalistens ”mervärdeshunger”, tycks ta sig minst lika alienerande uttryck idag som på 1800-talet. Att hävda motsatsen ter sig vanskligt.

I sista analysen blir det därför svårt att tänka sig att det mervärde som (eventuellt) uppstår i mötet med kunden inte kommer att realisera ett mervärde i form av utdelning på insatt kapital – och det blir minst lika svårt att föreställa sig att den kapitalistiska basen inte skulle reproducera sig. Om och om igen.

8.

Om basen kan sägas uppvisa samma grundstruktur 1880 som 1995 (och framöver) framstår det som mer troligt att de två diskurserna på ett entydigt och meningsfullt sätt går att återföra på en tankefigur, snarare än flera. Att utforska bärigheten i Asplunds klassiska tankefigur *Gemeinschaft/Gesellschaft* skulle här säkert ha sina poänger, liksom också utforskandet av andra etablerade tankefigurer som kaos/ordning, individ/kollektiv eller hierarki/marknad. Den tankefigur vi har fastnat för är dock helt oprövad i sammanhanget: synergi/idiergi.

Begreppsparet har vi hämtat från Claes Gustafsson[25] som menar att komplexa organisationer kan förstås som en balansakt mellan två olika typer av effekter som han menar att synergi och idiergi ger upphov till. Synergi, för de flesta ett välkänt begrepp, ger en tilläggseffekt i termer av att ”summan är större än delarna”, medan idiergi avser den tilläggseffekt som uppnås via uppdelning, gränsdragning och isärhållande. Denna skillnad grundar Gustafsson etymologiskt genom att uppmärksamma att de två förleden (till energi) drar i två diametralt olika riktningar; ”syn” från grekiskans ”tillsammans” ställs mot ”idios”, ”ensam, privat, enstaka”[26].

Gustafsson åskådliggör skillnaden mellan synergi och idiergi med två matematiskt färgade exempel. Om synergi kan förklaras i termer av 2+2=5, förklaras idiergi i termer av 2/2=5. Snedstrecket är väl valt – som matematisk operator, men också som organisatorisk symbol. Genom (arbets)delning av autonoma enheter, t.ex. i form av en väl fungerande byråkrati med strikta och funktionella gränsdragningar, nås en högre effekt än om de autonoma enheterna inte hade förbundits med varandra. Med denna tankefigur för ögonen vill vi påstå att de två mervärdesdiskurser som vi uppehåller oss vid här inte bara blir begripliga utan också på ett tydligt sätt framhäver skillnaderna mellan de två:

Den företagsekonomiska diskursens mervärde framstår, å ena sidan, som synergistiskt. Arbetare och kapitalägarnas förlängda armar i företagsledningen förväntas samarbeta på ett gränslöst sätt under devisen ”Vi är alla marknadsförare”

25 Gustafsson (2005).

26 Gustafsson (2005) s. 1.

för att (tillsammans med kunden) framställa appellerande produkter och tjänster. I effekttermer skulle man kunna uttrycka diskursens inneboende ekvation på följande sätt: Medarbetare plus finansiellt kapital är lika med erbjudanden i form av produkter och tjänster plus mervärde (i form av positiv kundupplevelse).

Den ekonomisk-politiska diskursens mervärde, å andra sidan, framstår som idiergistiskt. Relationen mellan arbetare och kapitalister karaktäriseras här av skarpa gränsdragningar – av såväl under- och överordning som långt driven arbetsdelning och specialisering – och de förväntas resultera i varuproduktion. Effektekvationen tar sig här således följande uttryck: Proletär arbetskraft delat med kapitalistens kapital är lika med varor och mervärde (i form av vinst som approprieras av kapitalisten).

Mervärde kan alltså, som effekt betraktat, ges skiftande betydelser – och konsekvenser – beroende på hur diskurserna löper genom tankefiguren. En första skiljelinje har att göra med mervärdets ontologiska status. I den företagsekonomiska diskursen ges mervärde immateriella och subjektiva konnotationer, medan mervärde inom ramen för den ekonomisk-politiska diskursen vägs och mäts i objektiva monetära mått.

För det andra framträder en djup betydelseklyfta mellan diskurserna i synen på vem som har makten att definiera mervärde – och vem som ges äganderätt till det. I den ekonomisk-politiska diskursen ställs den idiergistiska gränsdragningen på sin spets: Vems partikulära intresse är det egentligen som ska ges plats i effektekvationens nämnare respektive täljare? Med självklarhet sätts proletärerna i täljaren – med konsekvensen att mervärdet maximeras ju större andel arbetskraft de bidrar med, och ju mindre kapital kapitalisten investerar. Inte för intet önskade Karl Marx se en inverterad samhällsekvation – en kapitalism ställd på sitt huvud[27].

Den typ av maktfrågor som aktualiseras i den ekonomisk-politiska diskursen lyser dock med sin frånvaro i den företagsekonomiska diskursen. Här tas det istället för givet att det är konsumenten som har såväl tolkningsföreträde som den exklusiva äganderätten till mervärdet när det uppstår – samtidigt som andra former av mervärde osynliggörs. I ljuset av den ekonomisk-politiska diskursen skulle man därför kunna säga att konsumenten här ges den approprierande position som tidigare tillfallit kapitalisten, samtidigt som kapitalisten skrivs ut ur den synergistiska ekvationen.

9.

Vår undran inför fenomenet mervärde stillas så i en nyanserad förståelse av dess olika betydelser. Men denna förståelse ger samtidigt upphov till nya undringar: Vilka materiella konsekvenser följer med mervärdet?

Låt oss sluta oss till att ordets makt är stor – kanske till och med så pass stor att den företagsekonomiska diskursen (så småningom) i och genom sin övertygande TINA-retorik kommer att ge upphov till en ny bas; en värld starkt präglad av immateriella mervärden. Och kanske är det så att den tankefigur vi här har frilagt i termer av synergi/idiergi förmedlar just en sådan förändring?

27 Marx (1867/1969), s. 62.

KAPITEL 5

Organisationsstrukturens rumsliga orientering

CECILIA BJURSELL

1.

Pyramiden är en geometrisk figur som har en basyta och sidoytor i form av trianglar som möts i en spets. Pyramiden är också en vanlig metafor för att beskriva en organisations struktur.

> From biblical times (Exodus 19:25) to the present, large-scale organizations have been described as pyramidal.[1]

Pyramiden som begrepp förekommer i akademiska texter men den är framför allt ett vardagligt uttryck för att beskriva organisationsstruktur i ett företag. Därmed är det rimligt att anta att pyramidbegreppet förekommer *oftare* i företagssammanhang än i akademiska sammanhang, och att göra jämförelser genom att beräkna frekvens är ett sätt att närma sig ett *socialt fenomen*[2]. Andra frågor som kan ställas är om pyramiden är förknippad med en viss kategori av folk, eller,

1 Kaufmann & Seidman (1970). Den bibliska kopplingen i citatet avser förmodligen Sinaiberget i Egypten, där Mose mottog de tio budorden genom att gå upp till "pyramidens" topp för att möta Gud. Att inleda en text på detta sätt är inte ovanligt. Det visar att frågan är tidlös och förankrad i historiska berättelser. En variant är "Redan de gamla grekerna ...".

2 Asplund (1970).

vem eller vilka drar fördel av pyramiden. Sedan kan man också ställa frågan: Vad betyder pyramiden? Johan Asplund är tydlig med att detta är *ett annat sätt* att närma sig ett fenomen. Det är en särskild förklaringsform som inte handlar om att söka orsaker utan att uppfatta fenomenet som något som har *betydelse*.

En betydelse som kan uttydas ur pyramiden är att den betonar rumslighet. Pyramiden är tredimensionell med längd, bredd och höjd. Det finns en smal topp och det finns en bred botten. När pyramidmetaforen används inom företagsekonomi är det dock som en tvådimensionell pyramid, där djupdimensionen saknas. Inom denna tvådimensionella rumslighet så är det dessutom vanligt med ett endimensionellt fokus – nämligen intresset för rörelse mellan topp och botten. Om vi ser på ett företags organisation så är *upp* och *ner* två vanliga begrepp för att förklara var människor är placerade i organisationen. Upp är orienteringen mot toppen av pyramiden och ner är orienteringen mot botten av pyramiden: "Ska du ta frågan hela vägen upp till ledningen?" eller "Vad är det som pågår där nere på golvet?" Ibland kan upp och ner bokstavligen referera till rumsliga förhållanden. I gamla fabriker höll arbetarna till på markplan där de stora, tunga maskinerna fanns medan chefen kunde sitta upphöjd i ett rum med utsikt över hela fabriken. Men även i kontorslandskap används *upp* och *ner* trots att chefen sitter på samma våningsplan som övrig personal. Den rumsliga orientering som uttrycks genom pyramiden handlar alltså inte nödvändigtvis om fysisk placering utan den representerar makt och position i organisationsstrukturen.

2.

Ett känt exempel där organisationspyramiden lyfts fram är boken *Riv pyramiderna!* av Jan Carlzon[3]. Det är en bok om ”strategiskt ledarskap och hur man skapar uthålliga affärer med utgångspunkt från största möjliga kundnytta”[4]. Boken som skrevs 1985 är utgiven i mer än 50 länder och har haft ett stort genomslag bland ledare runtom i världen. Styrkan med Jan Carlzons bok är att tanke och handling går hand i hand; idéerna har prövats i Vingresor, Linjeflyg och SAS. Utgångspunkten är att ställa sig den enkla frågan: vem är organisationen till för? Det traditionella synsättet var att vända blickarna mot företagets ledning men Carlzon förespråkar ett synsätt där man sätter strålkastarljuset på kunden och låter detta vägleda hur verksamheten ska bedrivas.

För att tala om organisationen använder Carlzon pyramidmetaforen. Pyramiden motsvarar idén om stora organisationer som en vertikal struktur där makten är koncentrerad till pyramidens topp. En vertikal struktur bygger på att information och kunskap finns på toppen och distribueras ner genom pyramiden. Det här var vanligt förr när högsta chefen omgavs med ett antal specialister som tillsammans med högste chefen styrde verksamheten.

> De skulle styra verksamheten genom att själva fatta alla för företaget nödvändiga beslut. Dessa beslut omsattes sedan av företagets administrativa mellanled i instruktioner, regler, policyer och order.[5]

3 Carlzon (2008).
4 Carlzon (2008), s. 207.
5 Carlzon (2008), s. 21.

Carlzon menade dock att i ett föränderligt samhälle med ökad konkurrens innebar detta ofta att högsta ledningen fattade beslut baserat på felaktig eller oklar information eftersom det saknades insikter i den komplexitet som kännetecknade verksamheten. Dessutom behövdes en omfattande organisation för att administrera alla beslut och se till att de åtlyddes: ”Det går åt mycket folk för att driva igenom beslut som inte känns logiska”.[6] I en tid där arbetskraften dessutom är välutbildad är det slöseri med resurser att inte använda sig av denna kompetens. Genom att ge medarbetaren respekt och förtroende, ansvar och befogenheter, kommer hon att kunna möta kunden utifrån det unika i situationen. Jan Carlzon argumenterar därför för ett perspektivbyte från produktionstänkande, med fokus på resurser och kostnader, till ett marknadstänkande där målgruppen är utgångspunkten. Det här innebär ett skifte från en orientering på rörelsen *upp* och *ner* inom pyramiden, till ett samspel med världen utanför pyramiden, eller med Jan Carlzons ord: riv pyramiderna.

När pyramiden rivs är det inte längre enbart en person i toppen som styr, utan ansvar, behörighet och engagemang fördelas ut på många personer. Att ”riva pyramiden” inrymmer också en förflyttning från teknik (i SAS till exempel flygplanen) till det mänskliga (personalens kompetens och mötet med kunden). Att riva pyramiden handlar om att gå från det stelbenta och tunga till att snabbt kunna agera i relation till en rörlig omvärld. I boken talar Carlzon om en upp- och nedvänd pyramid, där kunden placeras längst upp och ledningen ska ha en stödjande funktion.[7] Han förflyttar

6 Carlzon (2008), s. 21.

7 Fokus i detta kapitel är på strukturerna men det är värt att kommentera att när detta gjordes i flygbolagen fick Carlzon med sig högsta ledningen och personalen i frontlinjen relativt lätt medan mellancheferna hade svårare att acceptera detta arbetssätt. En anledning är att deras roll

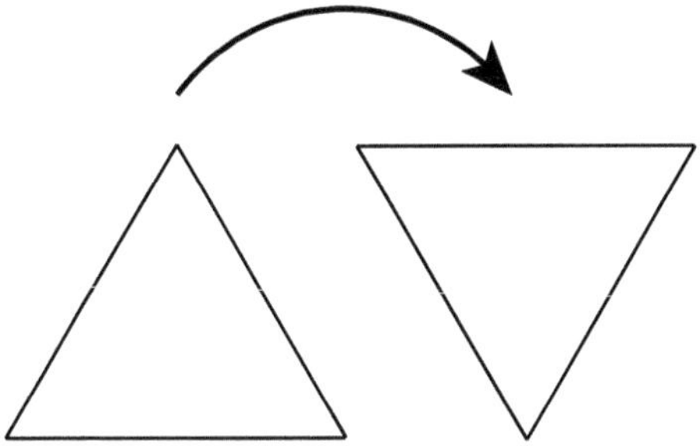

Figur 1. Jan Carlzons upp- och nedvända pyramid.

alltså kunden in i pyramiden och även om han river, eller vänder på, pyramiden, så representerar den fortfarande en idé om en maktstruktur, med den skillnaden att makten har omfördelats (Figur 1).

Den rumsliga orienteringen i den rivna pyramiden är alltså fortfarande *upp* och *ner*, vilket kan sägas motsvara en mental föreställning om hur energi ska riktas i en verksamhet. Och när "pyramiderna" rivs eller vänds upp och ner så blir det inte ett tomrum, utan det uppstår nya former av strukturer som ska hanteras i relation till organisationens uppgift. Men vad är poängen med att tänka sig organisationen som en pyramid, oavsett om den är vänd med spetsen uppåt eller neråt? Kanske kan vi hitta svaret i läroböcker om organisation[8].

försvann eller förändrades så att de upplevde sig ha mindre makt. Att ge människor mer makt är enklare än att ta bort maktutrymme vilket sällan adresseras i en organisationsförändring.

8 Urvalet av läroböcker för denna diskussion grundar sig dels på att böckerna representerar olika tidsperioder, dels på att författaren är bekant med dessa läroböcker sedan tidigare.

3.

I boken *Organisationsteori: Struktur, kultur och processer*[9] sammanställs några generella kännetecken för vad organisation är. Boken inleds med en berättelse om Carlsbergsbryggeriet i Köpenhamn som illustrerar arbetsförhållanden i Norden vid sekelskiftet 1800/1900. Soldaten Anders Olsen kom en sommardag 1897 till Gamle Carlsberg för att söka jobb och när han anställdes fick han underteckna ett avtal som bland annat statuerade att arbetsgivaren löpande bestämde arbetstiderna och om man ville lämna Bryggeriets mark så krävdes tillåtelse eller speciella tillstånd. Bröt man mot dessa regler så väntade böter som dessutom protokollfördes. Det var få överträdelser men som exempel fick fyra man böta en krona var då de blev sittande en kväll på byn för att dricka öl. Berättelsen kommenteras av Rolf Nielsen, historiker:

> Den patriarkaliske ledaren påtog sig en roll som delvis omyndigförklarade arbetaren. Men det fanns också positiva drag i den patriarkaliska ledarstilen, t ex den närmast familjeliknande gemenskapskänslan som ibland utvecklades. Omsorgen om arbetaren skulle enligt dåtidens uppfattning inte bara vara av ekonomisk art utan också innebära medkänsla och förståelse från arbetsgivarens sida. Arbetaren skulle se upp till arbetsgivaren med tillit och vara flitig och villig.[10]

Den här historiska redogörelsen ställs mot ett modernt arbetsliv (sent 1900-tal) för att få vissa skillnader att framträda. Den stora skillnaden enligt Jørgen Bakka, Egil Fivesdal och Lars Lindkvist är att nutida organisationer har utveck-

9 Bakka, Fivesdal & Lindkvist (1999).
10 Bakka, Fivesdal & Lindkvist (1999), s. 10.

lat en skiljelinje mellan arbete och fritid som innebär att arbetsgivaren inte längre har inflytande eller ansvar för det som sker efter arbetstidens slut. Det dagliga livet inom organisationen är dessutom mer informellt och mindre likriktat än tidigare. En sak som däremot inte verkar ha förändrats är den rumsliga orienteringen.

I citatet ovan står det att arbetaren skulle *se upp till* arbetsgivaren, vilket antyder en rumslig orientering där arbetarna är på golvet (nere) i fabriken och arbetsgivaren finns ”där uppe” i pyramiden. Genom att Rolf Nielsen använder begreppet patriarkal för att beskriva förhållandena på Carlsbergs bryggeri kan man också tolka det som att arbetsgivaren representerar ”den store/gode fadern”. Utan att gå in på diskussioner om genusstrukturer, så är det nog uppenbart för läsaren att organisationer inte särskiljer sig markant från könsmaktsordningen i övriga samhället. Men nog om den korta inledande berättelsen i läroboken, själva huvudbudskapet är att organisationsteori kan förstås utifrån tre huvudteman:[11] struktur, kultur och processer. I praktiken är det numera vanligt att både kultur och processer formaliseras och uttrycks i skriftlig eller visuell form och därmed blir formella och materialiserade, det vill säga ingår i ”den vanliga strukturen”. Det område där *upp* och *ner* adresseras är när den formella strukturen diskuteras. Strukturmodeller rör designen av organisationen och hur ett system ska se ut för att uppnå syftet med organisationen. Henry Mintzberg menar att två centrala områden i organisationens struktur är arbetsdelning och koordinering.[12] Lars Lindkvist med kollegor lyfter fram

11 Tema är det begrepp som används i boken.

12 Mintzberg (1983/2009). Här ska tilläggas att Mintzberg utarbetat en mer komplex förståelse av organisation genom att inkludera elementen organisationens delar, fem mekanismer för koordinering, designparametrar samt situationsfaktorer. Se även Mintzberg (1980).

att arbetsdelning vanligen sker på två sätt: horisontellt och vertikalt. Därefter säger de:

> Detta språkbruk härstammar från den pyramidmodell man ofta använder när man avbildar formella strukturer.[13]

Här använder de alltså pyramidbegreppet för att redogöra för den formella struktur som ofta uttrycks i ett klassiskt organisationsschema. Organisationsschemat representerar hierarkin i organisationen och ger svar på vem som är chef över vem. Tyngdpunkten ligger på befogenheter och rätt att fatta beslut och ursprunget till denna strukturmodell kommer från militära system med begrepp som linje och stab. En pyramidmodell med den militära sfären som förebild innebär en struktur där beslut går strikt uppifrån och ner, längst ner förväntas man lyda och längst upp förväntas man tänka och planera. Det handlar också om en struktur som är rustad för kris och krig, att snabbt kunna agera i relation till en fiende. En typisk organisationsstruktur visualiseras med rutor och linjer men dessa bildar tillsammans en pyramidform (Figur 2).

Är då pyramiden det enda sättet att illustrera en organisation? Självklart inte. Mary Jo Hatch använder cirkeln för att representera organisation i boken *Organisationsteori: Moderna, symboliska och postmoderna perspektiv*[14]. Hennes femcirkelmodell är ett sätt att visualisera att organisationer kan uppfattas som teknologier, sociala strukturer, kulturer och fysiska strukturer som överlappar och genomsyrar varandra i en kontext. Mary Jo Hatch beskriver sig själv som en forskare som "utifrån en tolkande ansats använder en metodologi som

13 Bakka, Fivesdal & Lindkvist (1999), s. 45.

14 Hatch (2002).

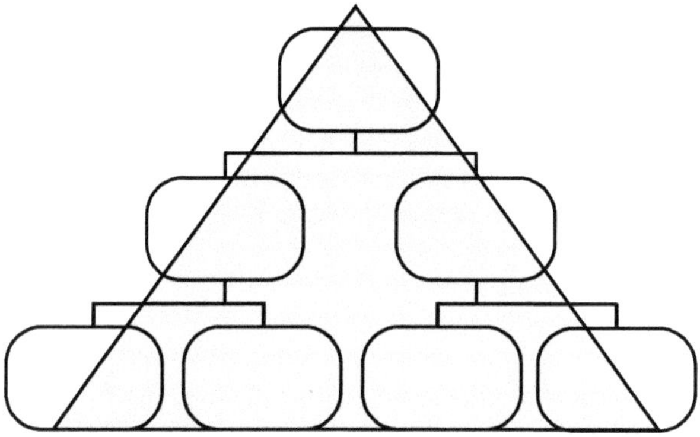

Figur 2. En typisk organisationsstruktur.

pendlar mellan symbolisk etnografi och diskursanalys"[15] och kan därför sägas ha ett intresse för den mening som tillskrivs olika fenomen i en organisation. Hon presenterar hur metaforer kan användas för att förmedla olika perspektiv på organisation men tyvärr går hon inte in på pyramiden som metafor. Däremot använder hon pyramiden i form av en hierarki som är triangelformad när den rationella modellen visualiseras i en figur[16]. Hatch menar att själva utgångspunkten för den rationella modellen är en hierarkisk uppdelning, nämligen den mellan strategiutformning och implementering.

> I många organisationer uppstår denna separation genom en hierarkisk arbetsdelning – vissa personer (vanligtvis högre chefer eller formella planeringsavdelningar) utformar strate-

15 Hatch (2002), s. 9.

16 I en engelsk variant av boken där Mary Jo Hatch skriver tillsammans med Ann L. Cunliffe finns pyramiden med som en skugga, en grå linje, i figurer som beskriver organisationsscheman. Pyramiden är dock inte uttryckligen kommenterad i texten. Däremot påpekas att organisationens (pyramidens) höjd, uttryckt som antal hierarkiska nivåer, visar graden av fördelning av auktoritet. Hatch & Cunliffe (2006).

gin, medan andra (från mellanchefsnivå och neråt i organisationen) får i uppgift att implementera den.[17]

Förutom att visualisera den rationella modellen enligt pyramidmodellen så använder hon även rumslig orientering i språkbruket – *högre* chefer utarbetar strategin medan folk *neråt* i organisationen ska implementera den. I sin figur har hon lagt till pilar som går från pyramidens topp och neråt, nivå för nivå, för att förtydliga att den rationella modellen även bygger på en sändare–mottagare-modell (Figur 3).

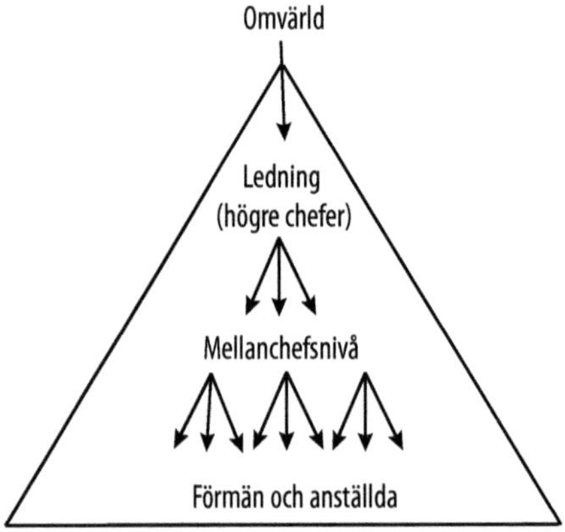

Figur 3. Efter Mary Jo Hatch.

Mary Jo Hatch återkommer till pyramiden som form när hon går igenom beslutsfattande i organisationen samt när styrning och kontroll diskuteras. Även här påpekas att i traditionella organisationer så är beslutsfattandet hierarkiskt fördelat så att den *högsta ledningen* är inriktad på strategiska beslut (tanke) medan mellanchefer och linjechefer hanterar områden som rör samordning och vardagsaktiviteter (handling).

17 Hatch (2002), s. 136

Men Hatch betonar att vi måste vara medvetna om att föreställningen om en enkel linjär styrning, uppifrån och ner, inte är särskilt upplysande om vad det är som egentligen pågår. Hennes kritik mot den rationella modellen kan sägas vara allmänt vedertagen idag. I den rationella modellen glöms människan bort eller finns med utifrån en föreställning om att hon, med Rolf Nielsens ord, förväntas ”se upp till arbetsgivaren med tillit och vara flitig och villig”. Vanliga hinder i styrning uppifrån och ner är kommunikationsproblem och brist på engagemang när människor förväntas att enfaldigt lyda, vilket också Jan Carlzon påpekade som ett argument för en ny ledarstil (se ovan s. 75).

I en genomgång där industrialismen ställs mot postindustrialismen så framstår det som att pyramiden representerar industrialismens ideal. Det handlar om kännetecken så som exempelvis standardisering, rutinisering och hierarkier med tonvikt på vertikal kommunikation. Postindustrialismens motsvarande kännetecken är fragmentering och decentralisering, snabbhet och innovation samt plattare organisationer med horisontell kommunikation och fördelat ledningsansvar. Skillnaden mellan industrialismen och postindustrialismen visar på samhällets utveckling och på samma sätt sker det förändringar i den organisationsteoretiska utvecklingen. En fördjupad genomgång av förändringar över tid gällande teorier om organisation och organisering presenteras av Ulla Eriksson-Zetterquist, Thomas Kalling och Alexander Styhre i *Organisation och organisering.*[18] Boken ger en kronologisk översikt över det organisationsteoretiska intresset under 1900-talet och framåt och boken är också ett barn av sin tid på det viset att intresset för organisationens formella struktur är svalt. Istället är det informella strukturer, så som

18 Eriksson-Zetterquist, Kalling & Styhre (2015).

institutioner, som framträder.[19] När organisationsstruktur nämns är det i relation till organisationens omvärld och Mintzbergs *Structure in fives* som får representera pyramiden som teoretisk idé. Mintzberg fjärmar sig dock från en enkel pyramid genom att lägga till teknostruktur och stödfunktioner som separata sfärer samt presenterar delarna med mer organiska former, inte fyrkanter och trianglar. Fördelen med Mintzbergs modell är att den framhäver att organisationer är i rörelse och att organisering hela tiden sker i relation till inre och yttre förhållanden. Istället för hierarki betonas koordinering och fördelning av ansvar och även om styrning kan ske *uppifrån och ner*, är det bara en av fem koordineringsmekanismer. De övriga fyra är självstyrning, standardisering av arbetsprocesser, standardisering av arbetsresultat samt standardisering av kompetens.

Men bara för att organisationsstruktur får mindre utrymme i senare böcker så betyder det inte att strukturer har minskat i betydelse. Det är bara ett resultat av de insikter som har framkommit i organisationsteoretiska studier under 1900-talet. Rationella strukturmodeller har visat sig gömma många lager av sociala strukturer som framträder i organiseringens praktik. När Ulla Eriksson-Zetterquist och kollegor talar om strukturer gäller det genus och mångfald[20]. Den tidiga forskningen om kvinnor och män i organisationer berörde frågor om var i organisationen kvinnor och män

19 Eriksson-Zetterquist, Kalling & Styhre (2015) låter texten orientera sig mot fyra begreppspar: organisation/människa, stabilitet/förändring, rationalitet/icke-rationalitet samt man/kvinna.

20 I Eriksson-Zetterquist, Kalling & Styhre (2015) presenteras både ett strukturellt perspektiv och ett processuellt perspektiv på genus i organisationer. Det processuella perspektivet berör hur genus konstrueras genom olika organiseringsprocesser. I den här texten lyfts det strukturella fram eftersom det är struktur som diskuteras.

befann sig.[21] Rosabeth Moss Kanters studie från 1977 bröt med dåtidens synsätt att kvinnors position i organisationer berodde på biologiska faktorer och istället förklarade hon kvinnors och mäns beteenden utifrån roll och situation. De sociala strukturer som motverkade att kvinnor rörde sig uppåt, var möjlighetsstrukturer (att människor inte har samma möjligheter att göra karriär), maktstrukturer (att utöva makt genom position eller allianser) och frekvensstrukturer (om man tillhör en grupp som är i minoritet blir motståndet större). Det hon kunde konstatera var att:

> ... kvinnor, för att lyckas i karriärer, måste tillhöra den innersta cirkeln. Annars fick kvinnor positioner där det inte var så viktiga för företaget, det vill säga längre ner i hierarkin.[22]

Återigen återkommer vi till idén om *upp* och *ner* i organisationen. Här framgår det även att *upp* är bättre och *ner* är sämre, det vill säga att det ligger en värdering i positionen: positioner som inte är ”så viktiga för företaget, det vill säga längre ner i hierarkin”. Här kan idén om pyramiden sägas finnas med i bakgrunden för diskussionen, men den nämns inte explicit. Som kuriosa kan nämnas att pyramiden bokstavligen nämns i *Organisation och organisering* under rubriken *Exempel på tidig organisering*:

> Den traditionella förebilden av en organisation är oftast hämtad från Egyptens pyramider. Det hävdas att Cheopspyramiden byggdes på 20 år med en arbetsstyrka på över 100 000 personer som arbetade halva delen av året med

21 Eriksson-Zetterquist refererar till Rosabeth Moss Kanters studie som belyste var kvinnor och män befann sig i organisationen. Det här är ett exempel på intresset för rumslig orientering i organisationsstrukturer.

22 Eriksson-Zetterquist, Kalling & Styhre (2015), s. 317.

detta. Resten av året återgick de till att sköta sina vanliga sysslor med jordbruk et cetera.[23]

Pyramiden finns alltså med, bokstavligen, metaforiskt och indirekt som en föreställningsram i kurslitteratur inom organisationsteori. Den illustrerar maktpositioner och arbetsfördelning enligt den rationella modellen, och detta synsätt på organisering kan knytas till arbetet med pyramiderna i det gamla Egypten.

4.

Det här kapitlet har behandlat pyramiden som en metafor som säger något om organisationens struktur och om makt och position. Organisationspyramiden har en symbolisk betydelse, som är en överflyttning av betydelsen från, fysiska pyramider. Egyptens pyramider har förundrat människor under årtusenden och dessa gravkamrar[24] för de egyptiska faraonerna var manifestationer av enorm makt. I den egyptiska högkulturen var den naturliga statsformen envåldet: ”Under blomstringsperioderna, då den egyptiska kulturens egenart bäst kommer till uttryck, härskar i landet inte en människa, en diktator, utan en gud.”[25] Det här betyder en rumslig orientering som utan tvivel är ”top-down”. Pyramiden, har sin spets orienterad mot himlen och kan därför sägas peka mot högre makter[26]. Men den rumsliga orienteringen inne

23 Eriksson-Zetterquist, Kalling & Styhre (2015), s. 28.

24 Det finns flera teorier om syftet med pyramiderna men här utgår jag från den troliga uppfattningen att pyramiderna konstruerades som gravkamrar.

25 Säve-Söderbergh (1990, s. 95.

26 Ur ett symboliskt perspektiv representerar pyramiden det heliga berget, pyramidens spets symboliserar andlighetens, hierarkins och invigningens högsta stadium och den står också för universums manliga kraft – en fallisk symbol. Se Cooper (1993).

i gravkammaren, där drottningarnas och kungarnas kammare är en del i en hemlighetsfull struktur, visar att det finns många aspekter utöver den vertikala, linjära orienteringen. Pyramiden som byggnadsverk väcker intresse men det gör även dess symboliska dimension.

Pyramiden som tankemodell i företagsvärlden förklarar vissa aspekter av organisationen. Pyramiden, som en representant för en rationell modell, en patriarkal eller militär struktur, är känd och förankrad i vårt samhälle och hamnar därför i förgrunden för diskussion om struktur. Symboliskt är det främst dimensionen *upp* och *ner* som betonas, och i dagligt tal använder vi ofta denna rumsliga orientering oreflekterat, men genom att göra det kanske denna modell styr våra uppfattningar om hur det bör vara. Det finns ju andra sätt att orientera sig i en organisation. För att upptäcka dem är det förmodligen otillräckligt att enbart kritisera pyramiden. Istället måste vi komma med motbilder som gör det möjligt att undersöka alternativa idéer[27]. Som nämnts tidigare använde Mary Jo Hatch cirkeln, eller rättare sagt cirklar, för att illustrera olika aspekter av organisation. Cirkelns mjukare former uppfattas vänligare och kan lätt sättas i rörelse, även på abstrakt nivå. Vad händer om cirkeln används för att beskriva en organisationsstruktur istället för pyramiden? Istället för att säga att frågorna ska upp till ledningen kanske man säger att frågorna ska cirkulera bland de anställda. Det finns ingen punkt som är upp och ner i en cirkel, utan allt flyter på i en oändlig bana. Men cirkeln, precis som pyramiden, är i sig varken positiv eller negativ, utan den bara är som den är. Det är vi människor som tilldelar den geometriska formens karaktär betydelse utifrån våra egna sociala strukturer, som de är eller som vi skulle vilja att de var. Cirkeln

27 Ohlsson & Rombach (2015).

har förekommit i många texter som behandlar organisation och organisering, men kvadraten är ovanligare för att beskriva organisationens struktur[28]. Genom att introducera organisationskvadraten som modell får vi syn på nya saker i organisationens struktur. På samma sätt som befolkningspyramider har kommit att ändras till befolkningskuber när andelen äldre i befolkningen ökar, så väcker organisationskvadraten frågor om eventuella befolkningsökningar i de övre skikten av organisationen. Kvadraten kan hjälpa oss att få syn på organisationer där andelen ledningsfunktioner har ökat så mycket att det tjocknar i pyramidens topp. Det här illustrerar vad som händer när vi för fram motbilder mot de redan accepterade former som vi medvetet eller omedvetet har accepterat. Det ger också anledning att fundera över vad olika former och modeller gör med vår förståelse av organisationer och varför vi använder dem, samt vilka nya bilder behöver vi behöver inkludera för att förstå de organisationer som vi har runt omkring oss och hur påverkar dessa bilder vår orientering till och inom en organisation?

Och om vi fortfarande föredrar att använda den bekanta pyramiden som modell, så kan vi fortsätta att utforska dess betydelse. En aspekt handlar om rumslighet och riktning *upp* och *ner* – historiskt har pyramiden ansetts peka mot högre makter, mot Gud, men vad betyder det här i dagens samhälle? Vilka högre makter är det egentligen som styr ”där uppe” i organisationen?

28 Ett alternativ är att tala om en kub om man vill betona tre dimensioner men inom företagsekonomin är det som nämnt vanligare med en- eller tvådimensionella modeller, förmodligen eftersom text är ett vanligt medium för forskning.

KAPITEL 6

En blick in i det företagsekonomiska tänkandets grundläggande struktur

JOHAN ALVEHUS

1.

Jag ger mig i denna text på den kanske något otacksamma uppgiften att diskutera det som kan kallas ”vardagligt prat” eller ”common sense” om företag och organisationer. Jag kommer i det följande att kalla det *organisationsprat*. Då företagsekonomiskt tänkande till stor del rör just organisationer, så utgör organisationsprat en viktig, för att inte säga avgörande, del av det företagsekonomiska språket.[1]

En central fråga för varje form av organisationsprat är vad en organisation egentligen är – vad är det vi pratar *om*? Vi kan peka på kontraktsförhållanden, vi kan peka på hur handlingar länkas samman, vi kan peka på hur produkter och pengar flödar. Men kontrakt finns det en mängd olika typer av, även mellan organisationer; handlingsmönster har inga klara gränser då interaktioner individer emellan inte visar någon större hänsyn till formellt dragna gränser; flöden flödar ofta utan att det egentligen är särskilt intressant att de råkar tillhöra ett visst steg i förädlingskedjan. Faktum är att

1 Troligen ska ”organisationspratet” ses som en del av ”ekonomiskan” så som den beskrivs i Rombach (2005).

det är ganska svårt (för att inte säga omöjligt) att slå fast vad en organisation egentligen *är*.

Min grundidé är att det finns underliggande strukturer som gör prat om organisationer till just prat om organisationer. Min avsikt med denna text är att visa att mycket organisationsprat vilar på en struktur baserad på en könad antropomorfisering. Jag kommer att ta vägen över Johan Asplunds och Umberto Ecos läsningar av strukturalismen och använda deras uttolkningar som redskap för att avtäcka det jag menar är en grundläggande struktur för företagsekonomiskt tänkande.

2.

Ordet *antropomorf* består av två led. Det första är ανθρωπος (*anthrōpos*), som betyder människa. Det andra är μορφη (*morphē*), vilket betyder form. Att antropomorfisera betyder sålunda att ge mänsklig form åt något. När vi säger att ”den förbaskade bilen ville inte starta” ger vi mänsklig form åt bilen. Naturligtvis har bilen ingen egen vilja och ingen självständig förmåga att agera. Den kan alltså inte heller ”inte vilja starta”. Men vi använder utan att tveka begreppet ”vilja” om bilar på samma sätt som vi använder det om småbarn, hundar eller kollegor på jobbet. Genom att ge bilen mänsklig form får vi en enkel språklig konstruktion för att ge uttryck för vår frustration. Men samtidigt tillskriver vi bilen handlingskapacitet.

De flesta förstår förstås vid lite eftertanke att denna typ av uttryck inte är bokstavligt korrekta: ”... även lekmannen inser t. ex. att döda ting inte är utrustade med ’vilja’ ... Har man nånsin trott att en sten, när man släpper greppet om den, i *bokstavlig* bemärkelse *vill* falla till marken?”[2] Men det är inte

2 Asplund (2003), s. 121.

heller alltid fullt så oproblematiskt. Antropomorfiseringen av bilen kan till exempel, i alla fall för ett ögonblick, ge oss en behaglig flykt från ansvar: Det är inte min egen oförmåga att förstå mig på förbränningsmotorer och elektronik, eller mina försummade besök hos bilservicen, som är orsaken till att jag kommer sent till julmiddagen. Det är inte mitt fel, eller åtminstone inte enbart mitt fel. Bilen *vill* ju inte.

Det kan tyckas vara ett trivialt konstaterande att vi omnämner företag och andra organisationer på liknande sätt. När vi säger att ”Volvo har beslutat att …” är det ett exempel på en sådan antropomorfisering,[3] och resonemang av denna typ möter vi dagligen, oavsett om vi läser företagsekonomi eller om vi läser en vanlig nyhetssajt. ”Volvo” består ju här av en eller flera personer i koncernledningen; det är de som har beslutat något. Resten av Volvos anställda förutsätts sedan följa detta.

Det ska direkt påpekas att antropomorfisering inte alls är nödvändig inom företagsekonomin. Det finns teoritraditioner som starkt betonar hur kollektivt handlande alltid kan och bör reduceras ner till individuella beslut och handlingar (så kallad metodologisk individualism[4]); andra menar att avsiktligt handlande strängt taget är oberoende av vilken slags aktör som är inblandad, det intressanta är snarare vilka effekter som uppstår i ett nät av aktörer (aktör–nätverksteori[5]). Vardagligt organisationsprat är emellertid ganska sällan påverkat av mer esoteriska samhällsteoretiska resonemang. (Inte heller de som producerar mer esoteriska samhällsteoretiska resonemang tycks vara särskilt benägna att använda dem i vardagsspråket.)

3 Det är för övrigt också en retorisk figur, närmare bestämt en som kallas *pars pro toto*, delen för helheten, en typ av synekdoke.

4 Se t. ex. Elster (2007).

5 Se t. ex. Latour (2005).

3.

Den antropomorfisering vi gör när vi talar om företag och organisationer vilar, menar jag, på en *struktur*. Inom strukturalismen, sammanfattar Asplund, är en struktur det som förblir konstant genom ett antal översättningar eller transformationer.[6] Det vill säga, när jag pratar om Volvo, Malmö stad, Ikea eller någon annan organisation kommer det att finnas stora delar av mitt prat som vilar på samma grund. I många fall kan helt enkelt organisationernas egennamn bytas ut mot varandra, vi pratar fortfarande om samma sak: ”Volvo har beslutat att…”, ”Malmö stad har beslutat att…”, och så vidare.

Min favoritillustration av strukturalismens principer kommer från Umberto Eco och handlar om Ian Flemings romaner om James Bond, agent 007 i Hennes Majestäts hemliga tjänst.[7] Redan i den första romanen, *Casino Royale*, etableras enligt Eco ett strukturellt schema som sedan följs i de kommande romanerna (med den sista romanen, *The Man With the Golden Gun*, som möjligt undantag). Schemat innehåller ”alla element som behövs för att bygga en maskin som fungerar utifrån ett antal exakta komponenter och regleras av rigorösa kombinationsregler” – den utgör ett ”narrativt maskineri”[8]. Komponenterna utgörs av ett antal motsatsrelationer. Ett urval:

M – Bond
Bond – Skurken
Bond – Kvinnan
Den Fria Världen Sovjetunionen

6 Asplund (1973), s. 59.

7 Jag följer framställningen i Eco (1965/2003). Texten publicerades ursprungligen i boken *Il caso Bond* (red. O. Del Bueno & U. Eco).

8 Eco (1965/2003), s. 36, min översättning.

Plikt – Offer
Kärlek – Död
Slump – Planering
Perversion – Oskuld

Relationen mellan Bond och M (den brittiska underrättelsetjänstchef som ger Bond sina uppdrag) präglas av dominans. Bond är alltid underkastad M, som står för den grundläggande planeringen då han besitter mer information och har överblicken. Bond accepterar detta och blir ett verktyg i Hennes Majestäts händer. Men i detta får Bond makt över enskilda situationer och han har en tendens att ge sig iväg på avstickare från Planen. Om och om igen räddar Bond den Fria Världen från Skurken, den senare inte sällan i form av Sovjetunionen. Skurken utgör den välpolerade Bonds motpol: Skurken är groteskt stor (Mr Big i *Live and Let Die*), en rödhårig puckelrygg (*Diamonds Are Forever*), saknar händer (*Dr No*) eller röst (Oddjob i *Goldfinger*), eller är en kort satt kvinna som framstår som ett sexuellt neutrum (Rosa Klebb i *From Russia, With Love*). Bonds äventyr utgör väl Planerade motdrag till Skurken, men det går förstås aldrig som tänkt utan Bond tvingas av Slumpen till improvisation, inte minst efter att han oundvikligen blivit tillfångatagen och torterad (Offrat sig för Plikten). Skurkens grymhet är kopplad till dominans och lust; Bond är också grym men bara som en del i att leva upp till Plikten: ”it was his duty to be as cool about death as a surgeon”[9] som det heter i inledningen till *Goldfinger.* Skurken och hejdukarnas Perversioner speglas i Kvinnans Oskuld. Den Oskuldsfulla Kvinnan förförs av Bond men måste sedan dö (Vesper Lynd i *Casino Royale).* Och så vidare. Alla dessa relationer ”byggs ihop till ett nätverk av

9 Fleming (1959/2012), s. 3.

elementära associationer"[10] vilka skapar en unik värld där romanerna utspelar sig.

Det är alltså en begränsad uppsättning relationer som utgör det grundläggande narrativa maskineriet hos Fleming. Eco frilägger i sin analys en struktur som återkommer hos Fleming, men det han egentligen gör är att bygga en maskin utifrån vilken vi kan skapa nya Bondromaner. Genom att fylla i nya detaljer i schablonrollerna (en ny Skurk, en ny Kvinna, till och med en ny M), nya Planer för Skurkens världsherravälde, och så vidare så kan vi också skapa nya Bondberättelser. De relationer som Eco identifierat är det som är konstant genom översättningarna: Mr Big översätts till Dr No eller till Ernst Stavro Blofeld, men egentligen har inget ändrats.

4.

Asplund ställer sig högst tvekande inför den allmänna strukturalistiska tesen att allt tänkande, och kanske också handlande, kan förklaras av underliggande strukturella förhållanden. Jag kan bara hålla med; det skulle utgöra en oerhörd reduktionism och nästan helt ignorera initiativkraft och kreativitet. Men detta förhållande innebär inte att metoden i sig är ointressant – bara att den liksom alla andra metoder och teorier har användningssätt som gör den mer eller mindre poängfull.

Frågan är om Eco med sin strukturalistiska analys har avslöjat något om en underliggande struktur i Bondromanerna (eller i Ian Flemings författarskap). Ett alternativt sätt att se det är att betrakta strukturen inte som ett schema som *representerar* vare sig Fleming eller Bondromanerna, utan som ett *nödvändigt* schema: utan detta schema upphör Bondromanen att vara en Bondroman.

10 Eco (1965/2003), s. 47.

Det sker skiftningar och glidningar i Bondschemat. Redan under det sena 1980-talet fick Flemings schema sig en törn, när Sovjetunionen inte längre framstod som en lika självklar motpol till den fria världen; förändrade synsätt på sexualitet gör det inte länge lika tacksamt att framställa skurkar som homosexuella eller asexuella. I de senare Bondfilmerna – *Casino Royale* (2006), *Quantum of Solace* (2008), *Skyfall* (2012) och *Spectre* (2015) – har schemat börjat luckras upp. (I skrivande stund har filmen *No Time to Die* ännu ej haft premiär.) Relationen mellan Judi Denchs M och Daniel Craigs Bond är inte lika enkel, och Bonds känslolöshet problematiseras psykologiskt. Under de senaste åren har det diskuterats om en icke-vit skådespelare skulle kunna spela Bond, eller om en kvinna skulle kunna vara Bond.

När upphör Bondromanerna (eller -filmerna) att vara Bondromaner(-filmer) annat än till namnet? Vi kan naturligtvis ta vår agent 007 och kasta in honom i en tidsmaskin och låta honom träffa Jeanne D'Arc, eller låta honom förföras av en mustig hipster och starta café, eller få honom att slåss mot Batman, eller något annat. Men i samma ögonblick som vi gör det upphör det att vara en Bondroman(-film) och blir något annat; en parodi eller travesti i mina här påhittade fall. Schemat är det som gör en Bondroman till just en Bondroman, en Bondfilm till en Bondfilm. Liknande scheman gör deckare till deckare, Harlekinromaner till Harlekinromaner, fantasytrilogier till fantasytrilogier och Guillouhjältesagor till Guillouhjältesagor. Och så vidare.

Givetvis kan vi göra samma sak med andra kända strukturalistiska analyser. Är till exempel den ryska folksagans struktur ett stabilt schema som upprepas i ett stort antal permutationer, där berättaren och vederbörandes sammanhang är irrelevant (sagorna talar genom berättaren)[11] – eller

11 Propp (1928/1968).

handlar det om ett schema vars huvudsakliga konsekvens är att det möjliggör att klassa en berättelse just som en folksaga (och därmed underkasta den en analys där vi ”upptäcker” schemat)? Strukturalismen har i denna tappning ett par empiriska problem. För det första, det stoff som vi väljer att underkasta analys är en produkt av en klassificeringsakt som i sig beror på perceptionen av just dessa strukturer. Vad är egentligen en folksaga? Jo, en saga som följer vissa konventioner. Dessa avslöjas eller friläggs sedan i analysen, som alltså bara formellt bekräftar den initiala klassificeringsakten. Detta är emellertid bara ett problem i relation till nästa fråga, nämligen var strukturen finns. Å ena sidan förekommer, så att säga, strukturen inom det stoff som diskuteras. Å andra sidan är det något som upptäcks av någon. En strikt strukturalist skulle troligen tvingas hävda att den struktur som bör friläggas är den struktur som olika uttolkare oberoende av varandra skulle komma fram till – det som på metodspråk ibland kallas för interbedömarreliabilitet. (Ett annat uttryck skulle kunna vara brist på fantasi.)

Så låt oss nöja med ett svagare kriterium på en struktur: Det är något som flera uttolkare kan komma överens om utgör ett rimligt sätt att begripliggöra ett visst stoff – det måste, för att nyttja en Asplundsk term, vara *poängfullt*.[12] Urvalsfrågan blir då i sig ganska ointressant. Det som blir intressant är att, givet ett visst stoff, kunna säga något intressant om det stoffet. Ecos Bondschema blir härvidlag ett sätt att begripa sig på vad som gör en Bondroman till en Bondroman, och i analogi med detta vad som gör en folksaga till en folksaga och en deckare till en deckare. Och i det följande, en organisation till en organisation.

12 Idén om poängfullhet introduceras i Asplund (1970).

5.

Vad kan då en strukturalistisk analys göra för att hjälpa oss med att begripliggöra organisationsprat och antropomorfisering inom företagsekonomin?

En populär – kanske den mest populära – utgångspunkten för företagsekonomiskt tänkande om organisationers tänkande är den så kallade systemteorin. Ett system karaktäriseras av att det i sin tur består av en uppsättning delsystem. Människan, som system betraktat, består av till exempel skelett, blodomlopp, nervsystem, och så vidare. Varje sådant delsystem består i sin tur av celler, som i sin tur består av cellkärnor, mitokondrier, cellmembran. Och så vidare. En organisation kan sålunda ses som uppbyggd av ett antal delsystem (strategisk ledning, en rad staber, produktionsavdelningar), som i sin tur består av grupper, som i sin tur består av individer. Organisationen i sin tur är ett delsystem i en bransch, och flera branscher är delsystem i en nations ekonomiska system.

Varje system består alltså av en konstellation delsystem. På samma sätt utgör varje system i sig ett delsystem inom ett ännu större system. I systemtänkandet ingår också att det föreligger *synergier* mellan delsystem, på så sätt att helheten utgör mer än summan av delarna. En människas olika delsystem utlagda på ett rostfritt operationsbord är inte mycket värda; när de sitter ihop i en människa blir helheten större än de ingående delarna. Detta förhållande gör det också suspekt att förklara det som sker på en viss systemnivå enbart med hänvisning till det som sker på de underliggande. Att till exempel förklara organisatoriska beslutsprocesser med neuroners sätt att fungera (via de mellanliggande systemnivåerna individer och hjärnor) borde utifrån en konventionell syn på organisationer vara en tämligen meningslös övning.

Slutligen betonar det konventionella systemsynsättet i

företagsekonomin att organisationer är *öppna* system, det vill säga de befinner sig konstant i en utbytesrelation med sin omgivning. De behöver input (råvaror i form av kapital, materia, människor) och de ger ifrån sig output (varor, tjänster) som genererar ett överskott. Detta överskott säkerställer organisationens fortlevnad. Om det blir ett underskott kommer organisationen att svälta och till slut dö. Det är inte svårt att se en analogi med en människa som växer till sig – eller en som hungrar.

Att dra en gräns för exakt vilken systemnivå som ska ligga i fokus är alltid godtyckligt. Vi skulle kunna tänka oss att det i varje företagsekonomiskt sammanhang skulle finnas skäl till att föra en ganska omfattande argumentation kring varför just en viss systemnivå valts, vilka konsekvenser detta har, och varför just denna systemnivå skulle vara särskilt lämplig. Detta sker ibland i organisationsteori; i vardagspratet om organisationer, aldrig. Nu skulle förstås en sådan invändning, om den togs på allvar, få de flesta diskussioner att haverera och det vore för det mesta högst opraktiskt. Men lik förbaskat har denna godtyckliga gräns ganska omfattande konsekvenser för hur vi begriper oss på organisationer och företagsekonomi.

6.

Gränsen utsida/insida är alltså en fundamental dikotomi, inte för att den existerar i något slags egentlig bemärkelse, utan för att vi valt en systemnivå och detta gör att vi automatiskt får en insida och en utsida att förhålla oss till: Vad faller innanför systemgränsen, vad faller utanför? Det som befinner sig innanför organisationens systemgräns kan kontrolleras, på ett eller annat sätt. Det som befinner sig utanför organisationen kan ofta inte påverkas alls (konjunkturer) eller bara med viss svårighet (konkurrenters agerande). Men oavsett svårighetsgrad så är det en annan sak att påverka saker ”utanför” än ”innanför” organisationens gräns.

På insidan av organisationen finner vi en rad delsystem. Idealt sett så är dessa i harmoni, de strävar mot ett gemensamt mål och de styrs centralt. Vi ser i ett vanligt organisationsschema hur den strategiska ledningen är det centrum kring vilket allt annat samlas, det är till exempel dit alla kommunikationsvägar leder (strecken som förbinder rutorna i schemat). Och oavsett antalet alternativa idéer, allt från virtuella organisationer eller hologramorganisationer till det kanske lite väl fantasieggande begreppet spaghettiorganisationer, så finns det alltid någonstans ett centrum för beslutsfattandet. Information och order flödar genom organisationen och reglerar dess aktiviteter.

Analogin med en hjärna och den mänskliga kroppen är uppenbar – organisationen får mänsklig form (antropomorf).

Men det är inte vilken hjärna som helst vi möter i organisationen. Trots den omfattande forskning som finns – inom psykologi, sociologi, nationalekonomi och inte minst organisationsteori – och som visar på annat, tenderar vi att föreställa oss organisationen som ett alltigenom *rationellt* system. Vår tänkta organisationshjärna samlar in, bearbetar och drar slutsatser utifrån information. Den fattar beslut som är logiska och rationella. Inte så att det inte ibland fattas andra beslut – men de är i så fall irrationella och därmed felaktiga. När beslutsfattandet fungerar som det ska (även om detta strängt taget aldrig infaller, empiriskt sett) så är organisationen en rationell informationsbearbetande varelse.

Tänk på hur organisationsförändringar antas ske. Forskningen har gång på gång visat att förändringsprocesser både är hopplösa att förutsäga och att de vare sig har en tydlig början eller ett tydligt slut, och att de alltid handlar om maktkamper mellan olika intressen. Trots det så envisas organisationspratet hela tiden att återkomma till en och samma idé: Att förändringar sker på grund av att ledningen uppfattar förändringsbehov, att de beslutar vad som ska ske och sedan att detta ”implementeras” i en stegvis och kontrollerbar process. Sedan går det förstås aldrig som väntat, men det handlar då om missöden som inträffar eller rent av illegitima intressen – såsom ”förändringsobenägenhet” – som kommer till uttryck. *Egentligen*, om det fungerade som det borde, så skulle kroppen göra som hjärnan vill.

Eller tänk på strategi. Trots att det finns tydliga indikationer på att strategier egentligen inte betyder sådär vansinnigt mycket för organisationers framgång, så är föreställningen att en bra strategi handlar om visioner eller planer som oavlåtligt går mot ett tydligt mål fortfarande en oundviklig del av vår förståelse av vad en strategi innebär. Vetskapen om förekomsten av opportunism, motstridiga intressen eller det enkla faktum att organisationer inte är homogena och sammanhållna system tycks inte kunna påverka föreställningen om existensen och behovet av tydliga planer, mål och visioner. *Egentligen*, om det fungerade som det borde, så skulle kroppen göra som hjärnan vill.

Organisationens insida tycks alltså i princip utgöra *en* substans. Den goda organisationen fungerar som en organisk helhet eller som ett välsmort maskineri.[13] Men oaktat att dessa två metaforer har olika sätt att presentera organisationen på, så är den idealt sett *ett* system. Detta system har ett

13 Den mest kända diskussionen av dessa metaforer, och andra, är i sammanhanget Morgan (1997). Beroende på vilken metafor (eller egentligen analogi) som används kommer de olika systemen och delsystemen att få olika namn: en hjärna hör hemma i en organismmetafor, ett nav i en maskindito.

rationellt centrum, organisationsledningen, som centralstyr resten av organisationskroppen. Avvikelser från centrumets (hjärnans) ambitioner är anomalier som bör undvikas. Insidan är, principiellt sett, förutsägbar.

Insidans strukturella motpart är förstås utsidan. Utanför organisationen finns ”det andra”. Organisationers omvärld är alltid, sägs det, i rörelse. Organisationen måste upprätthålla en handlingsberedskap då förutsättningarna ständigt kan ändras.

Denna föreställning, tycks det mig, slog igenom i det företagsekonomiska tänkandet någonstans under 1970-talet. Innan dess finner vi en rad teorier som handlar om att omgivningen i någon mån kan genomlysas och analyseras. Den kan göras begriplig och på det sättet kan organisationen anpassa sig till omgivningens förutsättningar. Kanske kom oljekriserna och det dramatiska avbrottet i tillväxtkurvorna att orsaka ett trauma för det företagsekonomiska tänkandet som det aldrig riktigt hämtat sig från. Istället för idéer om förhållandevis stabila relationer mellan omvärlden och organisationen har vi istället en oavlåtlig räcka av organisationsmoden, vars förekomst och snabba omsättningshastighet legitimeras med idéer om en ständigt föränderlig och oförutsägbar omvärld.

Organisationens uppgift är att försöka begripa sig på och anpassa sig till utsidan – omgivningens – förutsättningar, men man kan aldrig vara säker. Utsidan är alltså utpräglat irrationell. Oförutsägbarhet ligger i utsidans natur.

7.

Låt mig nu försöka mig på ett, möjligen något halsbrytande, strukturalistiskt konststycke. Som analysen av Bondromanerna ovan illustrerade, så leker strukturalismen med motsatser. Insida/utsida är en sådan, rationell/irrationell är en annan. Det som är innanför är rationellt och förutsägbart; det som är utanför är irrationellt och oförutsägbart. Det finns alltså *elementära associationer* mellan begreppen (jag håller mig till Ecos terminologi). Den vänstra sidan bildar en serie associationer, den högra sidan en annan:

Insida	–	Utsida
Rationalitet	–	Irrationalitet
Förutsägbarhet	–	Oförutsägbarhet

Det jag i det följande kommer att göra är att visa hur de två associationsserierna i grunden genomsyras av föreställningar om kön. I den första serien, *insida-rationalitet-förutsägbarhet* argumenterar jag för att vi måste skjuta in manlighet och i den andra serien, *utsida-irrationalitet-oförutsägbarhet*, kvinnlighet, för att helt begripa deras konsekvenser för det företagsekonomiska tänkandet. (Notera att jag här arbetar med kulturellt betingade könsstereotyper, inget annat.)

8.

> Denna sjukdom i vilken kvinnorna uppfinner, överdriver och repeterar alla möjliga slags absurditeter vilka en urspårad imagination är kapabel, blir ibland epidemisk och smittsam.[14] (Joseph Raulin, fransk 1700-talsläkare)

Rationalitet är ett städsevarande manligt attribut. Som feministiskt influerad forskning visat om och om igen så utgör kvinnor ”den Andra”, den manliga normens antites. Kvin-

14 Hämtad från Foucault (1972/1983), s. 154.

nan definieras, som de Beauvoir konstaterade, bara i relation till mannen.[15] Han är essens, hon är något som bara kan definieras i relation till denna essens; hon saknar därmed en egen essens. En essens som är känd kan vi begripa oss på förnuftsmässigt och kontrollera, men det som står utanför kan vi inte begripa oss på.

Den franske 1700-talsläkaren Joseph Raulin illustrerar ovan väl den sedan länge spridda föreställningen om den hysteriska kvinnan: absurditeter och urspårad imagination, som till och med är kapabel att uppträda på ett kollektivt plan. Hysterin är smittsam (masshysteri). Detta vagt definierade sjukdomstillstånd har alltså en starkt kvinnlig könsprägel; faktum är att själva ordet hysteri kommer från grekiskans ὑστέρα (*hystera*), livmoder. Den grekiska föreställningen tycks ha varit att livmodern rörde sig i kroppen och på grund av detta orsakade en rad symptom. Och alltså också att dessa symptom – absurda, urspårade och irrationella – var en strikt kvinnlig angelägenhet.

En hysterisk person kan inte förutsägas, kontrolleras eller begripliggöras. Det ligger i sakens natur. Vederbörande kan förklaras, men bara i termer av att det som sker är oförklarligt.

Ibland kopplas irrationalitet-kvinnlighet till begreppet känslor. Jag tror att det är missriktat. Känslor är förvisso en del av den kvinnliga hysterin, men det finns också manligt könspräglade känslor: passion, vrede, stolthet. Det finns också delar av känsloregistret som är mer tvetydigt i könshänseende; passion torde vara ett exempel. Se bara hur passionen utgör en central del när så vitt skilda saker som sport eller företagsledning framställs i media.

Skillnaden ligger alltså inte i huruvida rationalitet–man-

15 de Beauvoir (1949/2008).

lighet kontra irrationalitet–kvinnlighet hänger ihop med icke-känsla respektive känsla. Jag tror (men det är en empirisk fråga som skulle förtjäna viss uppmärksamhet) att det snarare handlar om att känslor är kvalitativt olika i de två begreppsparen. När det gäller manlighet/känsla, är känslan mer förutsägbar och kontrollerbar än i kvinnlighet/känsla. Det intressanta, när det gäller att förstå det företagsekonomiska tänkandets struktur är alltså inte känslor per se, utan deras kvaliteter. Mannens vrede eller passion är riktad mot något och kan rent av användas i instrumentellt syfte; kvinnans hysteri slår hej vilt.

Organisationer är inte känslokalla. Vissa organisationer kan vara det – schablonbilden av byråkratin är ett tydligt exempel. Å andra sidan, hockeylag eller intensivvårdsavdelningar saknar verkligen inte känslor. Men när känslorna går överstyr, så upphör organisationer att helt vara organisationer. Det finns inte längre någon tydlig bild av vad som är innanför och utanför. Läkaren som får panik och inte vet hur hen ska hantera kaoset har upphört att vara en del av organisationens innanför, hen måste hämtas hem. Hockeyspelaren som i sin upphetsning crosscheckar motspelaren med huvudet före in i sargen visas ut ur den organiserade verksamheten och får sitta i båset och skämmas i några minuter.

Organisationers känsloregister är kontrollerat och förutsägbart; det är när känslorna går över styr som organisationen inte längre fungerar som tänkt.

9.

Jag inledde med att konstatera att antropomorfisering är central för hur vi förstår oss på organisationer. Jag har sedan via vardagsspråk och strukturalistisk reflektion kring detta tagit mig fram till två associationsserier:

1. Insida–rationalitet–manlighet–förutsägbarhet
2. Utsida–irrationalitet–kvinnlighet–oförutsägbarhet

Om jag nu visat att antropomorfisering i och genom det företagsekonomiska tänkandet utgör grunden för hur vi begriper oss på organisationer, så blir nästa steg förstås att fundera på vilken slags människa det handlar om. Strukturen frilägger en idé om människan i organisationen: rationell, förutsägbar, manlig. Inte för att människor per definition är rationella och förutsägbara, utan för att det är en förutsättning för att organisationen ska vara en organisation, och för att individen ska vara en del av denna. Det icke-rationella, oförutsägbara, kvinnliga, ligger utanför organisationen eller exkluderas ur den.

Det grundläggande som Ecos analys av Bondromanerna visar är ju inte vad en Bondroman är, utan vad som krävs för att en Bondroman ska klassas som en Bondroman.

Att fråga sig vad en organisation *egentligen* är, är ganska poänglöst. Den frågan kommer aldrig att låta sig besvaras med annat än en oändlig rad definitioner. Den mer intressanta frågan är denna: *Vad får oss att se något som en organisation?* Den första serien ovan ska alltså ses som ett svar på denna fråga. Det utgör en grundläggande struktur för vad som ses som en organisation, inte i bemärkelsen att det inte finns andra organisationsfenomen, eller för att företagsekonomiskt tänkande inte skulle kunna omfatta ett bredare spektrum av fenomen, utan för att ett socialt sammanhang som inte längre lever upp till de krav som serien stipulerar inte längre är en ”organisation”.

Kanske har vi också här en förklaring till att stora delar av organisationsteorin har haft svårt att slå igenom i organisationers praktik. När organisationsteori handlar om fragmentering, slump, irrationalitet eller liknande så handlar den strängt taget inte om organisationer i vardagsspråkets bemärkelse, och kan alltså glatt ignoreras och förvandlas till akademisk kuriosa.

10.

Jag har i denna text uppehållit mig vid vad som *antas* pågå i organisationer, förmedlat genom det företagsekonomiskt influerade organisationspratet. Jag vill också hävda att detta prat är ett sätt att tänka kring organisationer som i ganska liten utsträckning hjälper oss förstå vad som *verkligen* pågår i organisationer.

I en sällan anförd text från 1987, ”Idrott och samhällsordning”, diskuterar Asplund mänskligt handlande. I korthet kan man sammanfatta hans idé med att mänskligt handlande karaktäriseras av att det är *invariansbrytande*:

> Idrotten avspeglar eller uttrycker förvisso samhällsordningen, men den gör det på ett *mångtydigt* sätt. Det går att fastställa samband och mönster, men dessa är föränderliga eller ’opålitliga’; det går att bryta dem. Det finns inga *lagliknande* samband mellan idrott och samhällsordning. ... idrotten – i likhet med t ex konst och litteratur – är en *invariansbrytande* aktivitet.[16]

Mänskligt agerande är fundamentalt oförutsägbart, annat än under strikt institutionaliserade former. Och, som forskare inom olika traditioner upprepade gånger påpekat, människor tenderar att vara kreativa och att bryta mot system och strukturer. Som Asplund konstaterar har detta betydande vetenskapsteoretiska konsekvenser. Om naturvetenskapens essens

16 Asplund (1987b), s. 13f.

handlar om sökandet efter invarianser som kan uttryckas i termer av lagar, så borde vetenskapen om människan handla om invariansbrytande beteende. Humanvetenskapen är därmed, på grund av sitt studieobjekt, synnerligen dåligt lämpad för att formulera allmänna lagar.

Med detta i åtanke måste vi också se det som att serie 1 strängt taget exkluderar det mänskliga ur organisationer. Ett forskningsprogram baserat på serie 1 blir en studie av det omänskliga.

Som vanligt finns förstås en politisk dimension. Vi kan ju vända på det och säga att organisationspratet, baserat på serie 1 ovan, präglas av en föreställning om manlig rationalitet (och därmed implicerad förutsägbarhet) och alltså huvudsakligen reproducerar dessa strukturer. De bidrar till att forma den hugade företagsekonomen i en stram föreställningsvärld, på ett strukturellt plan, i grunden består av en godtycklig association mellan föreställningar om rationalitet och manlighet.

De delar av organisationsteorin som uppmärksammar serie 2 (utsida–irrationalitet–kvinnlighet–oförutsägbarhet) ger en betydligt större beredskap till att förstå hur organisationer verkligen fungerar. Men den tenderar samtidigt att klä av vardagsföreställningen om organisationer och blir ett hot – inte minst mot organisationens rationella centrum, det vill säga ledningen.

KAPITEL 7

Att se klart, i förundran

Konst och organisering

MALIN GAWELL, MONIKA KOSTERA,
ANN-SOFIE KÖPING OLSSON OCH
MARJA SOILA-WADMAN

1.

Företagsekonomin har många föräldrar. Den har utvecklats från flera discipliner, främst ekonomin (ofta i Sverige) och sociologin (ofta i England), men även humaniora (Kraków, Polen), teknik (Uppsala och Szczecin, Polen).[1] Den framställs ofta som ganska monolitiskt orienterad mot ekonomi och ledarskap, men när man ser på bredden i forskning och undervisning så handlar det minst lika mycket om organisering och företagande.

Vi undrar hur det skulle vara om konsten skulle lyftas fram och betraktas som en av företagsekonomins faddrar? Vi undrar vad vi skulle kunna säga om vi använde oss mera av konstens substans och form inom företagsekonomin?

Vi ser denna essä som en inspirationstext, en inbjudan till dialog med oss och våra idéer. Vi har skrivit den i Asplundsk anda, som Asplund själv gärna skrev om sina möten med konsten. Han får vara med i vår text som en röst som har gett

1 Se t.ex. Gustafsson (1994); Orzechowski (1999); Brunsson (2010); Engwall (2016); Steyaert, Beyes & Parker (2016); Peltonen, Gaggiotti & Case (2018).

ton till ett tänkesätt och nu finns med som ande, inte som en gestalt som vi måste diskutera med och övertyga. Dialogen löper mellan Asplunds texter, men också andras och våra gemensamma tolkningar samt i kapitlets tredje till sjätte del, våra egna rösters enskilda intryck. Och du, kära läsare, är varmt inbjuden till att ta del. Vi blir dessutom utomordentligt glada om vi får läsarbrev om denna vår essä. Då har den verkligen spelat sin roll väl.

Samtalet vi vill välkomna handlar alltså om företagsekonomins möjlighet att utvecklas i en annan och spännande riktning med konsten som inspiration. Vi har på olika sätt förundrats av konsten. Och denna förundran har hjälpt oss att se olika aspekter av organisering och företagande, aspekter som den ofta rationalistiska företagsekonomiska referensramen ibland helt saknar. Konsten bidrar till problematisering, som i sin tur lett till en och annan klarsyn som utmanar gängse disciplinärt tänkande. Detta gör att vi i vårt sökande, eller som engelskans *research* indikerar, sökande och åter-sökande efter förståelse och insikter av dessa konstnärliga fenomen har forskat bortom etablerade gränser. Det kan handla om att lyssna på rytmer och melodislingor som knappt är hörbara, uppmärksamma nyanser av ljus och mörker i organiserandets vardag, rikta fokus på relationerna och samspelet mellan dirigent och övriga musiker i orkestern eller se den estetiska kommunikationen som del av filmteamets yrkeskunskap. Men innan vi går djupare in på våra respektive erfarenheter, låt oss lyssna lite mer på det Asplundska resonemanget.

2.

I sin bok *Om undran inför samhället* skriver Asplund[2] att det finns olika förståelseformer, bland andra den som går ut på att förstå ***betydelsen*** av ett socialt fenomen – förmågan att se ett fenomen som något meningsfullt, att få en insikt som gör det möjligt att knyta det till något annat som har en plats i vårt liv och en dynamik i det sociala. Ser man det sedan på ett annat sätt så sker aspektskifte – med annan dynamik och i annan kontext. Aspektseende är förmågan att kunna se något från ett perspektiv, att se något såsom del i en kontext. Att inse betydelser och nyanser som inte är självklara vid en första anblick. De uppenbarar sig som mysterier med vars hjälp forskaren finner en ny förståelseform. En gåta kan nu bli löst, utan att förenklas, tvärtom att se verkligheten som komplex och förunderlig, och meningsfull på ett sätt som hjälper till att sätta saker i ny och vidare kontext. Varje nytt aspektseende kan öppna nya rum, till och med i dem vi känner igen. I alla dessa rum kan frågor ställas, utforskas och kanske lösas.

Aspektseende är besläktat, men inte identiskt med, den sociologiska vision som Charles Wright Mills[3] skriver om. Denna vision gör det möjligt för människan att lyfta sig över sitt vardagliga sociala sammanhang. Hon ges möjlighet att reflektera och inse vad som krävs för att kunna förändra det som förefaller oföränderligt i vardagen.[4] Organisatorisk vision är ett speciellt fall av den sociologiska visionen, som ger impuls till att reflektera över organisationsprocesser bortom ens egna perspektiv som överskrider ens roll i dem och som visar de stora sambanden i tid och rum.[6] Vision

2 Asplund (1970).

3 Mills (1959).

4 *Ibid.*

5 Kostera (1996); Mir & Mir (2002).

behövs för all organisatorisk aktivitet som strävar efter förnyelse och förändring snarare än status quo[6], för att upprätta balans mellan kontinuitet och förändring[7] och målmedveten insikt och meningsskapande.[8] Man kan säga att den sociologiska och organisatoriska visionen är en vana att aktivt skifta aspekt. Den ger potential att både förstå det sociala och engagera sig, utan att bli tunnelseende.

I likhet med Aplund finner vi att mötet med konst gynnar aspektseende och starkt motverkar aspektblindhet. I sin text "Möten med Ulf Linde" skriver Asplund[9] om konstens äkthet, om hur en till synes tillfällig signaturromantik med ekonomiska påföljder, eller upphovsrättsliga villkor, gestaltar sig som något mycket djupare och viktigare – ett mysterium av ett möte med den Andres uppenbarelse och deltagande i något förmer än lag och ekonomi. Mötet med konst är personligt – en intensiv upplevelse, precis som att möta en annan människa, mer än enbart glädje eller nyfikenhet. Det gör skillnad, skriver Asplund, om vi har att göra med förfalskning, må den vara tekniskt perfekt. Originalet handlar inte om perfektion utan om möte med ett ögonblick av skapande och tillkommande. Det mötet tänder nya ljus i vardagen, ger oss en möjlighet att stå inför konstnärens förkroppsligade närvaro och verket i sig utgör en fysisk plats genom vilken en närvaro passerar, dörren mellan något större än oss själva och våra sinnen.

I en av sina senare böcker tillägnad datoriseringens sociologi, skriver Asplund att "skönhet inte är en fråga om mönsterigenkänning".[10] Mötet med skönheten handlar om

6 Morgan (1993).
7 Watson (2009).
8 Weick (2001).
9 Asplund (2016).
10 Asplund (2002b), s. 152.

ett mirakel, om att bli förbluffad och förundrad. Men mirakel är möjliga endast i ett tillitsfullt modus. Vi föreslår i denna text att konsten kan skapa en tillitsfull förståelse, som bygger upp samhälls- och organisationsvisioner och underlättar aspektseende utanför det trånga imperativet att söka fenomenens *förklaring*.[11] Asplund själv erkänner att han "ständigt tycktes sammanblanda vetenskap och *konst*"[12], han hade en tendens att både se vetenskapliga teorier som konstverk och konst som vetenskap. Han menar att nyckeln till denna sammanblandning är den känsla av insikt han besitter i mötet med båda formerna. Denna känsla leder honom till att föreslå att vetenskap och konst är besläktade. Vi tror också det, och vi menar att båda, om än på olika sätt, skapar utrymme för miraklet i våra möten med samhället och organisationer. Den här texten handlar om våra möten.

3.

För mig, Malin, har mötet med toner och rytmer, ibland vid oväntade platser och tillfällen, öppnat mina sinnen för tolkningar som inte låter sig uttryckas i termer som vanligen förekommer i etablerade (företagsekonomiska) tankefigurer. Vid ett tillfälle var det en gatumusikant som lät sin saxofon ljuda mitt i stadens betong. Vid ett annat tillfälle var det en kvinna som med sin röst strålade samman med en färgstark solnedgång på en båtresa. Vid ett helt annat tillfälle var det trummor som talade ett språk långt bortom tid och rymd.

Redan som ofödda foster upplever vi en av de mest grundläggande rytmerna – hjärtats. Först från den omgivande omfamnande tillvaron och sedan genom vår egen inbyggda

11 Asplund (2003).
12 Asplund (2003), s. 20.

mekanism som följer oss livet ut. Det blir en ofantlig massa slag under ett normalliv. Det blir så vanligt att vi glömmer bort att lyssna till rytmen. Till detta kommer andningen – vi andas in och ut – hela vår bröstkorg och bål rör sig i samma takt. Ibland är andningen djup och rörelserna stora. Vid andra tillfällen är den betydligt grundare och ibland knappt synlig eller hörbar. Störs dessa grundläggande rytmer blir konsekvenserna förödande. Det kan bokstavligen handla om liv och död. Insikten om dessa rytmer har hjälpt mig att se saker i min forskning om sociala företag och organisering i det civila samhället, saker som handlar om essentiella aspekter av att vara människa och att vara medmänniska – bortom företagsekonomins upptrampade stigar. Aspekter som sällan förekommer i de företagsekonomiska teorierna och modellerna.

Rytmer och toner kommer i en mängd skepnader. De kan upplevas som medryckande och befriande men också som störande eller till och med hotfulla. Traditionella instrument har i flera sammanhang förbjudits, till och med eldats upp. Nya musikstilar har förkastats och i vissa fall bannlysts. I rytmer och toner finns uppenbarligen krafter, som påverkar människor. En del känns bekväma, medan andra utmanar våra sinnen. Det kan röra sig om relativt enkla taktarter som ofta förekommer i den västerländska klassiska musiken eller polyrytmik, med flera inkongruenta rytmer, som bland annat förekommer i afrikansk och latinamerikansk musik. Men genom att lyssna noga, även när det låter näst intill obegripligt, kan olika aspekter uppmärksammas. Detta klargjorde en trummare från Sierra Leone i Västafrika för mig när han började stampa en rytm med den ena foten och en annan med den andra. Han lade sedan till en tredje rytm på trumman med den ena handen och en fjärde med den andra. Till detta la han även sång. Det handlade inte om särkoppling, utan ett komplext samspel mellan olika rytmer och toner som öppnade möjligheter för en mängd olika rörelser.

Men om det endast rörde sig om samspel mellan en persons händer och fötter så skulle det knappast vara så medryckande eller så hotfullt. Det är först i mötet med andra den andre, i tid och rum, som uppenbarelsen, konstens äkthet, uppstår.[13] Om än flyktigt, kan det ändå vara ett möte. Även om det är svårt att sätta ord på det kan det vara väsentligt. Det kan röra sig om en person som sätter samman, eller en händelse sammansatt av flera olika varelsers göranden.

Som exempel på hur detta har påverkat min forskning kan jag lyfta fram erfarenheter från studier av det sociala företagandet, i vilket det sociala engagemanget möter en vardagsrealitet som ibland utmanar förståelsen av hur man kan utveckla och driva verksamheter utifrån alla inblandades funktionalitet.[14] En del aspekter är vid första anblick tydliga men det finns så många fler sätt att se på var och ens roller och, inte minst, resultat. Och vad som upplevs som positivt, till exempel handlingar baserade på goda intentioner, kan från ett annat perspektiv ändå upplevas som begränsande på ett eller annat sätt. Och det som framstår som rätt och riktigt bejakande om man studerar själva verksamhetens vardag, kan på makronivå leda i helt annan riktning.

En del aspekter framträder med bastrummans dånande ljud. Andra framstår snarare som en spröd flöjt eller en knappt hörbar hummande melodi. Kanske vår störta utmaning är att just försöka lyssna till det som knappt tycks hörbart. Det krävs av oss forskare att vi lyssnar efter fler än en

13 Asplund (2016).

14 Gawell (2013). https://www.arvsfonden.se/download/18.5eb95a9b1722c1f961012c4b/1590490257882/utvarderingsrapport_-_socialt_foretagande_och_forsoken_att_finna_fungerande_satt.pdf, hämtad 2019-08-18.

rytm, efter fler tonarter och flera röster – inom och bortom våra företagsekonomiska teoretiska referensramar.

4.

För mig, Monika, var mötet med Caravaggios original avgörande för hur jag uppfattar utrymmets roll i organiseringsprocesser. Michelangelo Merisi da Caravaggio var en banbrytande italiensk barockmålare, aktiv under slutet av 1500-talet och början på nästa sekel. Han levde mest på drift, bland de fattiga och maktlösa. Hans målningar föreställer bibliska och andliga scener, men hans modeller kommer från hans verklighet – de människor han mötte i sitt vardagsliv (även om han även målade porträtt av de rika och mäktiga som andra konstnärer av sin tid). Han var mästare på att visa mörker och ljus på ett sätt som både är naturalistiskt och samtidigt berör själen omedelbart, som annars bara musik brukar göra. Paulus är, i Caravaggios framställning, en ung man, en romersk soldat, som fallit ned från sin häst och ligger, förblindad av fallet, med uträckta händer. Han är verklig, hans förvridna ben tyder på att han har ont, han har förlorat synen. Men samtidigt är han hängiven och, ja, faktiskt på gränsen till upprymd – han ser något som ska förvandla hans liv. Heliga Ursula är en ung flicka som precis blivit träffad av en pil som ska döda henne och hon tittar ner i såret som inte än börjat blöda, närmast med förvåning. Det är liv omkring henne, rörelse av både våld och medkänsla. Men hon har redan sin blick riktad inåt, inte bara mot döden, utan med ett seende som passerar genom mörkret och lidandet och som är siktat mot något vi kan bara förmoda är ett ljus antytt i tavlan men inte fullt uttryckt i den. I Caravaggios målningar är människorna djupt ensamma och på samma gång starkt knutna till varandra. Och det är vimmel, på alla plan, även om man ofta inte kan se in i bakgrunden, så vet man att även den är fylld av mänsklig närvaro.

Caravaggio var den brittiske konstteoretikern John Bergers favoritmålare. Berger[15] förklarar att Caravaggio var de svagas geniale förespråkare, han såg dem och förstod dem: människor som är vana vid att leva trångt, att dela utrymme. De är hemma i skuggor som ger skydd lika bra som väggar. Hans tavlor föreställer apostlar, helgon, Jesus själv, men de är alla avbildade som de fattiga människor de verkligen var, inte, som akademin brukade, som kungar och adelsmän. De befinner sig nära varandra, deras gester är intensiva, som på teater, där man ju också åkallar gudomligheter, hjältar och legender. Gestalterna är större än själva aktörerna. Men samtidigt så är de ju, i Caravaggios framställning, riktiga helgon, men sådana som befolkar Evangeliet, de fattigas och svagas heliga bok. Berger[16] menar att världen vi lever i idag, under den nyliberala kapitalismen, är full av ondska och lidande, det är en värld som måste motstås. Caravaggio kan hjälpa oss att göra det utan att vi behöver bli arga eller bittra; istället kan vi uppleva en gemenskap av tillit och fysisk samvaro som knappast kan förmedlas med ord. Det estetiska ögonblicket han kommunicerar är en insyn som ger förlitan. En insikt som kan, efter att ha setts och upplevts, vidarebefordras i berättelser. Också i fältberättelser.

Jag blev träffad av Caravaggios målningar inte helt olikt hur hans helgongestalter blir träffade av insikt. Gaston Bachelard[17], som jag tidigare läst i egenskap av filosof, började nu att, för mig, ha en annan betydelse, direkt och fysiskt kopplad till organisering. Det var det här med ljus och närhet, som

15 Berger (1983).
16 Berger (2011).
17 Bachelard (1969).

Caravaggio var mästare på, som plötsligt uppenbarade för mig en djupare aspekt av tillhörighet och solidaritet – och omvändelsens ensamhet – som återfanns i de alternativa organisationer jag forskar om. Utrymmet är ett sammanhang som både är en aktiv egen deltagare i organiseringen och en produkt och konsekvens av vad samtliga medlemmar har för sig, hur de uppfattar relationerna till varandra och till omgivningen. Utan mörker finns ingen transparens.

Sedan sju år tillbaka genomför jag etnografiska studier i olika alternativa organisationer, sådana som kooperativ och radikala organisationer, som själva ser sig fungera utanför kapitalismen, i en kontext av värden, konstruktivt motstånd eller radikal vision. Många är mycket måna om det fysiska utrymmet i vilket organiserandet äger rum. De har vanligen ont om plats, eller så är de tvungna att verka i obekväma rum i övergivna industrilokaler, med dålig uppvärmning och flagnande väggar, dålig upplysning och prekära placeringar av arbetsanordningar. Rymden verkar knapp samtidigt som det alltid brukar finnas plats för många. I en kooperativ affär som jag studerar, belägen mitt i en storstads centrum, råder en dynamisk aura av social, fysisk och organiserande rörelse, där samarbetet kräver konstant aktiv orientering gentemot varandra inom begränsade utrymmen. Alla verkar flyta och glida lätt, det sker inga kollisioner, trots att alla människor som arbetar där har en egen personlig rörelse, inga reglerande *scripts* är igång, som det annars brukar vara i de kapitalistiska kedjorna, ja, det finns till och med ett uttryckligt förbud mot dem. Arbetarna väljer musik som spelas i affären och det händer att en och annan tar ett danssteg. Människor uppmuntras att “agera mänskligt” även om det ibland betyder att de inte är ”entusiastiska” jämt och ständigt och de kan ibland vara ganska stränga mot otrevliga kunder. Alla är olika här men alla arbetar tillsammans, som i en komplex koreografi som kräver medvetenhet, närvaro och en permanent kommunikativ strävan; en förhandling om likheter och skillnader. Om man arbetar här är det inte möjligt att vara en ensamvarg, stjärna eller individualistiskt geni. Viktiga saker bestäms i tid och rum.

Tack vare insikten jag fick då jag mötte Caravaggios målningar, fick jag en inblick i hur den sociala impulsen, som bland andra Johan Asplund[18] diskuterar, tar sig praktisk form av organisering – i en domän belägen mittemellan det förtroliga och det offentliga rummet. Om vi håller med Asplund att det offentliga är konstgjort och att privat liv äger rum i spontana tillfällen, så behövs en katalysator för att starta en struktureringsprocess mellan dem båda – och den katalysatorn har jag funnit i det fysiska rummet, inte så mycket i arkitektur och planerad arbetsplats, som i skuggor och ljus där människor arbetar tillsammans. En organisk kraft materialiseras – en som inte behöver vara rutiniserad eller spontan men som finns förutom marknaden. En Gemeinschaft för att driva (alternativa) företag.

5.

För mig, Ann-Sofie, blev förundran över dirigentens roll i musikskapande och orkesterns återskapande av musiken till slut en upptäckt av det relationella perspektivet och den sociala responsens fundamentala betydelse. Som företagsekonom såg jag en man (i princip alltid en man) på en position av makt och bestämmanderätt. Men vad bestämmer egentligen en dirigent och hur går det i så fall till? En gåta som företagsekonomens blick kanske ger fel svar på? Utgör dirigentens rörelser, mimik och handlag de beslut som

18 Asplund (1991).

påtvingas orkestern eller är de uttryck för en karismatisk entusiasm som förväntas smitta av sig? Handlar det om makt eller estetik? Eller är det orkestern som styr dirigenten? Min tolkning att det istället är orkestern *tillsammans* med dirigenten som bildar ett ömsesidigt skapande Gemeinschaft fick konsekvenser för hur jag beskriver ledarskap. Det handlar om ömsesidigt lyssnande, inkännande, performativitet, tillit och hänsyn, begrepp som är ovanliga i företagsekonomiska sammanhang.

Uppvaknandet för att förstå fenomenet ”dirigent”, kom under en intervju sent i min avhandlingsprocess.[19] Jag skulle förmodligen låtit tillfället passera om det inte var så att det fanns något som skavde för förståelsen av vad återskapandet av klassisk orkestermusik egentligen handlar om. *Hur går det till?* Det var själva handlingen jag ville förstå, inte kvaliteten på slutprodukten, den var inte upp till mig att bedöma. I en intervju med orkesterns ryske chefsdirigent, Gennadij Rozhdestvensky, frågade jag litet slarvigt ”om han var musiker innan han blev dirigent”. Svaret kom blixtsnabbt: ”I hope I'm still a musician”. Att vara dirigent skulle först och främst förstås som att vara musiker. Alla andra attribut verkade komma i andra hand. Vid granskandet av intervjuerna återkom detta gång på gång. Det fanns i materialet, men på grund av min förförståelse hade jag inte förmått att se det tidigare. Dirigenten är inte Ledaren med stort L, utan en musiker från en annan position i rummet, med en annan typ av instrument nämligen en hel orkester. Och det som kännetecknar detta instrument är att det inte kan ”behärskas”. Att tro det är att falla offer för den romantiska idén om geniet och om Ledarskap. Dirigenten/Musikern måste skapa och underhålla en relation till instrumentet/orkestern via musiken. Hur

19 Köping (2003).

kan man beskriva det? Det var den ”gåta” i enlighet med Asplund[20] som jag ville försöka förstå på ett för mig nytt sätt.

En symfoniorkester har en välorganiserad och fast struktur, både bildligt och bokstavligt. Ingen kan gå utanför ramarna utan att förstöra helheten. Men ändå är varje musiker och konsert unik. Musiken kan bara förstås när den spelas. Den finns i nuet. En symfoniorkester fungerar utmärkt som en fixeringsbild på ett Gesellschaft och ett Gemeinschaft.

I enlighet härmed skulle det i varje bild av ett Gemeinschaft dölja sig en bild av ett Gesellschaft, och i varje bild av ett Gesellschaft en bild av ett Gemeinschaft. Men det ena kan inte ses samtidigt som det andra. När man först har sett ett Gemeinschaft måste bilden omorganiseras för att ett Gesellschaft skall framträda, och vice versa.[21]

I den företagsekonomiska tankefiguren utgår vi oftast ifrån bilden av ett Gesellschaft, det vill säga den formella, anonyma och abstrakta sidan av organisering. Här ses organisationens medlemmar mer som kuggar i ett maskineri eller som delar av en organism som reagerar på olika stimuli, i avsaknad av känslor, avsikter och värderingar. För att förstå skapandet av musik behöver vi förflytta blicken till ett Gemeinschaft. En sammanslutning som i större utsträckning utgår ifrån vilja, fantasi och känslor samt av kollektiv gemenskap. Det är där som tolkningen och ljudet produceras, samtidigt som strukturen finns kvar i bakgrunden. Det verkade som att musikskapande handlade om relationer.

”Music is relationships in time”, stod det skrivet på en lapp vid mitt skrivbord i samband med avhandlingsarbetet. Musiken uppstår i mötet, i relationen mellan olika toner, synkroniserat i tiden. Var det även där jag kunde hitta svaret

20 Asplund (1970).

21 Asplund (1991), s. 43.

på gåtan dirigenten? Med begreppet "social responsivitet"[22] menar Asplund att vi kan undersöka "... något som i viss mening befinner sig utanför människan", det vill säga det som händer i mellanrummet, i mötet med varandra. Ytterligare ett sätt att beskriva det är med Mary Parker Folletts[23] begrepp *cirkulär respons*. En tolkning av ett musikstycke handlar inte om att dominera, inte heller om att kompromissa, utan om att genom den cirkulära responsen *integrera* olika idéer till en ny helhet. I konstmusikens fall sker det dessutom ordlöst mellan hundra musiker inklusive dirigent, utan strategiska dokument, policyn eller riktlinjer. Genom integration av varje musikers bidrag uppstår en ny tolkning. De handlingar som utspelar sig i mellanrummet valde jag att kalla för *relationella färdigheter*.[24] Dels för att visa på att de är handlingar, dels för att de är ömsesidiga och dels för att visa att de kan utvecklas. För att återskapa musik verkade: lyssnande, inkännande, performativitet, tillit och hänsyn vara viktiga relationella färdigheter för alla musiker, även för dirigenterna.

Jag tror att det går att översätta dessa färdigheter även till andra typer av organisationer och arbetsplatser. Vilket skulle kunna skapa en annan vokabulär och förståelse för organisering. Vi behöver ges möjlighet att vara närvarande i nuet och genom att lyssna till varandra kunna lösa problem och skapa situationer som kännetecknas av ömsesidighet, det vill säga att förhålla sig till musiken eller till en arbetsuppgift med våra sinnen. I detta sammanhang handlar *inlevelse* snarast om empati. Utan inkännande blir musiken statisk och livlös och utan empati förvandlas människan till en maskin. *Performativitet* handlar om att genom handlingar delta i ska-

22 Asplund (1987a), s. 46.

23 Follett (1924).

24 Köping (2003).

pandet en verklighet. Att vara proaktiv till skillnad från att enbart reagera och blint lyda. *Hänsyn* utgår ifrån en tanke om samhörighet och omsorg. Och slutligen ska *tilliten* ses som ett outtalat och tyst krav[25] gentemot varandra. Det handlar alltså *inte* om att infria på förhand uppställda förväntningar (läs arbetsbeskrivningar), utan om en tro på människans goda vilja och förmåga att ta ansvar. Samtidigt är förståelsen av ett relationellt ledarskap *inte* detsamma som att tro på ett arbetsliv utan friktioner och konflikter. Snarare tvärtom – det är en tro på att genom lyssnande, inlevelse, performativitet, hänsyn och tillit skapa friktioner ur vilken det kan uppstå ljuv musik.

6.

För mig, Marja, var det en insikt att se hur konsten kunde vara en organiserande, drivande kraft då jag följde ett filmteam som skulle spela in en film. Min avsikt var att göra en etnografisk studie med fokus på filmregissören som projektledare. Med i bagaget fanns de traditionella texterna inom projektledningsläran, där projektledaren styr och man inom en viss tidsram ska producera något till en viss kostnad och kvalitet enligt projektplanen.[26]

Då jag anlände till inspelningsplatsen var det inte en steril, ordnad miljö som jag kom till. Stämningen verkade spänd och irriterad. Skådespelarna satt på en liten scen som kameran var fokuserad på. Samma episod fick tas om flera gånger. Regissören lät frustrerad. Rökmaskinen hade gått sönder. Det tillverkades rök genom att smälta bivax i en stekpanna istället. Det var varmt och svettigt. Det var svårt att röra sig

25 Lagerspetz (1996).
26 Söderlund (2005).

mellan packlådor för utrustning. Inspelningsledaren var sur och gormade. Ljussättaren berättade halvt ekivoka vitsar för att underlätta stämningen. Det luktade illa. Fotografen klagade på huvudvärk. Således i mitt första möte med fältet blev jag direkt konfronterad med frågan ”vad betyder detta”, som Asplund[27] tycker är den mest väsentliga frågan inom vetenskapen. Hur skulle jag förstå betydelsen av denna episod? Inte handlade det om ett välorganiserat projekt? Hur skulle jag som företagsekonom och organisationsteoretiker se något annat än ett illa organiserat projekt?

Den fysiskt, känslomässigt ansträngande situationen inspirerade mig att fördjupa mig i det estetiska perspektivets betydelse i organisering. Strati[28] hävdar att vi människor inte finns i organisationer i form av formella arbetsroller utan som levande, kroppsliga människor med känslor, tankar och fantasier om tillvaron. Vi förhåller oss till vår omgivning genom våra sinnen. Vi skapar vår värld och gör våra bedömningar av vad vi ser, hör, luktar, smakar och berör. Estetiken är därmed en väsentlig aspekt av inte bara konstskapande utan även av kunskapande.[29]

Den nästföljande viktiga aspekten att uppmärksamma blev själva uppdraget i ett filmprojekt. Teamet hade samlats för att översätta ett konstnärligt manuskript till filmens språk. Jag som utomstående trampade in i en känslig situation då det var svårt för teamet att få fram uttrycket som tillfredsställde både regissör och fotograf. Situationen kan beskrivas som att det sociala samspelet var intensivt och inte tålde något störande. Det förelåg i Asplunds terminologi ett responsorium.[30] Vid filminspelningar uttryckt som det heliga: ”tystnad, tagning, kamera”!

27 Asplund (1970).

28 Strati (1999).

29 Danius, Sjöholm & Wallenstein (2012).

30 Asplund (1987a).

En annan aspekt av filmskapandet är att som inom auteurkritiken se det som en kollektiv handling. En film skapas enligt den inte enbart av en regissör utan i praktiken kan det handla om hundratals personers arbete.[31] Visserligen brukar regissören tillskrivas ansvaret för den konstnärliga visionen, men det behövs även fotografer, scenografer, ljussättare, ljudtekniker – alla med sina assistenter, för att inte tala om ett antal administrativa personer. Regissören förväntas att kunna styra, lyssna och känna stämningar. Men det krävs även förmåga att kunna släppa taget och låta konsten bryta fram, oavsett om det är skrämmande eller vackert.[32]

Många inom filmbranschen har berättat att det under en inspelning händer mycket som inte följer planerna. Det förekommer ofta spända situationer och konflikter där känslorna går höga. Ett filmteam består av flera yrkeskategorier, som alla förhåller sig olika starkt till uppdraget, vilket kan vara en orsak till att det lätt uppstår oenigheter.[33] Flera har dock menat att man till och med uppmuntrar konflikter för att skapa mer känslomässig energi. Det rimmar med det som Asplund skriver om[34]. Med hänvisning till Simmel och sociologins historia resonerar han att det första intrycket kan vara att konflikter är något som fjärmar parterna från varandra, men med ytterligare eftertanke är det kanske tvärtom. I stället handlar det om interaktion där meningsskiljaktigheter, aggressioner och hårda ord innebär att man kan göra sig begriplig för varandra och skapa sociala relationer.

Hur kommer det sig att man trots alla berättelser om turbulens lyckas spela in en film? Trots allt talade de flesta om lusten i att delta, i att översätta storyn i manuset till film. Att

31 Andersson & Hedling (1999); Koskinen (2002).

32 Soila-Wadman (2003).

33 Engwall (2016).

34 Asplund (1970), s. 52–54.

skapa det konstnärliga uttrycket som filmen skulle förmedla till åskådare var det som förenade teamet och drev verksamheten framåt. Man kan tala om konstens organiserande förmåga. Flera berättade att filmarbetare är flexibla och att kreativiteten är stor för att hitta nya lösningar samt för den djupa gemenskap, med Asplunds ord ”Gemeinschaft”, som uppstår under en filminspelning.

Det talas ofta om det konstnärliga teamet och det tekniska teamet. Det är egentligen inte så lyckat eftersom alla i teamet måste ha känsla för det konstnärliga arbetet. Exempelvis måste den person som kör kameravagnen ha känsla för filmens rytm för att hitta rätt hastighet för att följa fotografen. Estetikens betydelse är således inte avgränsad till det enkelt förstådda konstnärliga skapandet, utan snarare en dimension i all organisering. Den estetiska kommunikationen är en del av hela teamets yrkeskunskap. Det är något som Asplund poetiskt sammanfattar[35], med hänvisning till en diktare, som att det i en estetisk verksamhet finns en intuitiv förmåga att med lätthet förflytta sin uppmärksamhet mellan självmotsättningar, att samtidigt lyckas vara närvarande och i det förflutna.

7.

För oss har konsten bidragit till att se och erfara sådant som pågår i olika slags flöden i mer eller mindre subtila processer, i det som sker i mellanrummen mellan människor, i händelser och i relation till det materiella. Det handlar om aspekter som berör samvaro och relationer (Gemeinschaft) och sådant som kan uppfattas med våra olika sinnen, här och nu. Det handlar även om sådant som vi kan fantisera om att skapa i framtiden.

I förundran inför det företagsekonomiska ämnet, som allt

35 Asplund (1970), s. 92.

jämt domineras av rationell kyla och effektivitet och som, om det får vara allenarådande, riskerar att leda till utslagning, ökar aspektseende vår lyhördhet. Det leder till klarheter som bidrar till att se, höra och synliggöra mera av det som händer i det vi försöker förstå oss på. Det möjliggör en mer nyanserad upplevelse av den komplexitet som vi befinner oss i inom ämnet där detaljer samspelar med mer övergripande parametrar i en sorts helhet bortanför linjärt tänkande och diskurs. Vi är inte först med att intressera oss för konst och företagande. Pierre Guillet de Monthoux[36] och Antonio Strati[37] bland andra, har också gjort dessa kopplingar. Men än i dag efter mer än tjugo års närvaro inom organisations- och företagsekonomisk forskning, upplevs det som perifert trots att vi lever i en värld som i allt större utsträckning också behöver alternativ som bygger på närvaro, samvaro och samspel. Vi känner ett påtagligt behov av att aktualisera och vidga vyer, att också se med andra ögon på det som i vårt ämne allt mer kommit att antas som självklarheter. Dialog med Asplunds verk både inspirerar och utmanar oss att förstå det sociala fenomenet organisering och företagande på sätt som innefattar både mellanrum och möten, betraktelser och rörelser.

Vi vill uppmärksamma att kreativitet och energi således kan finnas långt bortom modeller som har ansetts vara möjliga, och att relationer och samspel kan sätta enorma krafter i rörelse – både på gott och ont.

Med vår förundran inför konsten och organisering hoppas vi kunna bidra till en något mer aspekt-rik företagsekonomi där förståelse för sinnen, samvaro och relationer, på ett förhoppningsvis lite bättre sätt kan rusta studenter, företagare, forskare och andra att se och bemöta tillvaron på ett lite mer reflekterat sätt.

36 Guillet de Monthoux (1993).

37 Strati (1999).

KAPITEL 8

Je suis Gemeinschaft

MATILDA DAHL

1.

"Det förefaller mig vara ett uttryck för en vetenskaplig attityd att envisas med att hävda att Gesellschaft har sina gränser."[1] Med den meningen avslutar Johan Asplund sin 140 sidor långa essä där han önskar återupprätta det inom sociologin klassiska begreppsparet *Gemeinschaft och Gesellschaft*, myntat av Ferdinand Tönnies. Dess urspungliga syfte kan sägas vara att peka på skillnader mellan "gemenskap", det förtroliga och privata livet å ena sidan (Gemeinschaft) och det mer opersonliga och offentliga livet "Samhället" eller "Marknaden" (Gesellschaft) å den andra. "Med sina egna lever man i Gemeinschaft" från födseln, äkta makar ingår ett livslångt "Gemeinschaft".[2] I handelsförbindelser kan en viss förtrolighet och gemenskap förekomma, men en aktiegemenskap är otänkbar förklarar Asplund. Gesellschaft är det som präglar såväl det offentliga livets som marknadens relationer, medan Gemeinschaft präglar vårt privatliv, kärleks- och familjerelationer. Kort och gott, vi beter oss på ett sätt i vårt privatliv och på ett annat i det offentliga, på en marknad, en arbetsplats, eller bland främlingar på en buss. "Det finns en språkets,

1 Asplund (1991), s. 140.

2 Asplund (1991), s. 63.

sedernas och trosföreställningarnas Gemeinschaft medan Gesellschaft hör samman med förvärvsliv, resor och vetenskap", förklarar Asplund efter sin närläsning av Tönnies.[3] Alltså, i den ursprungliga betydelsen är Gemeinschaft och Gesellschaft ett motsatspar, en dikotomi som kan användas för att beskriva och förstå olika typer av socialt liv. Det är ett av sociologins äldsta begreppspar och har inspirerat många. Asplund tar sig an det igen. Han vänder sig mot kritiken som begreppet fått utstå då samhället har moderniserats. Argument mot dikotomins validitet har bestått i att klassiska Gemeinschaftssammanhang, såsom familjen, också innehåller Gesellschaft: formella relationer, kontrakt, marknadsmässiga lösningar. Idén om att familjen drivs som ett "projekt" som syftar till att förhandla fram lösningar så att de olika medlemmarnas "livspussel" går ihop, skulle kunna ses som att Gesellschaft letar sig in i Gemeinschaft. Gemenskapen försvagas i det moderna samhället, till och med där den borde vara som starkast.

2.

Jag läser Asplund enligt att hans önskan om att återupprätta begreppsparets lyskraft för att förstå samhället som en mycket väsentlig och något missförstådd *tankefigur*. Asplund gillar tankefigurer, han leker med dem, vänder och vrider på dem. En tankefigur är något som är giltigt bortom det specifika och lokala och som liksom triggar tanken, nyfikenheten och viljan att begripa något.

Att avfärda Gemeinschaft som icke längre relevant, eller rentav lite omodernt, tillhörande något förgånget och primitivt, blir således ett stort misstag. Bara för att vi idag "ser"

3 Asplund (1991), s. 63.

Gesellschaft överallt, så betyder det inte att Gemeinschaft inte är relevant, det betyder att vi förlorat förmågan att se den aspektens olika sociala sammanhang. Då Gesellschaft inte längre tycks ha några gränser så har vi tappat vårt vetenskapliga angreppssätt till samhället, vi har tappat bort halva tankefiguren! Skriften handlar om, som jag läser den, att återupprätta tankefigurens relevans, att försvara Gemeinschafts särart och väsentlighet för att förstå och för att bygga ett fungerande samhälle.

Asplund visar genom en rad – som alltid – spetsfundiga historier och exempel att man kan välja att se en viss situation eller samhälle som antingen Gemeinschaft eller Gesellschaft, beroende på vad man fokuserar på. Samma ”data” kan alltså leda till konklusionen att ”aha, här har vi marknadstänk!” eller ”aha, här är det solidaritet bortom ekonomiska värden!” beroende på vilket perspektiv man anlägger, eller kanske beroende på vem som tittar? Precis som med den där teckningen där man antingen ser en gammal kvinnas ansikte eller en ung kvinnas kropp. Båda är där och den ena kan inte existera utan den andra, men man kan inte se dem samtidigt. Han vill ta oss bort från dikotomiernas värld, öppna en dörr till en plats där vi inte slits itu mellan två oförenliga begrepp, utan inser att båda finns där och det handlar om att se dem båda, men det går inte samtidigt. Vi har lärt oss att se och analysera Gesellschaft överallt, såväl i kärleks- som familjerelationer, ”marknadiseringen” har varit framgångsrik. Men vi är sämre på att se Gemeinschaft. I den här essän vill jag visa och leka fram Gemeinschafts aspekter av praktiker som i vanliga fall ses som en del av Gesellschaft. Som en *hommage* till Asplund och som ett sätt att spinna vidare på hans sista mening, om den vetenskapliga attityden.

3.

Jag anser att i dagens samhälle har Gesellschaft, marknadstänk, tagit över på bekostnad av det andra, gemenskap. Asplunds farhåga, som går att läsa mellan raderna i *Essä om Gemeinschaft och Gesellschaft,* har besannats. Allt tycks förklaras och förstås som Gesellschaft. Vem man bör bli förälskad i tror vi går att räkna ut med en vetenskaplig algoritm (se tv-programmet *Gift vid första ögonkastet*). Och då universiteten präglas av samma neoliberala marknadsparadigm, så finns risken att vetenskapen dras med i fallet, förblindad, med aspektseendet förlorat då allt ryms i och är en del av marknadens, Gesellschafts, maskineri. Men vi människor däremot, är ju inte enbart *Homo economicus*, nyttomaximerande, räknemaskiner. Vi gör ju alla möjliga saker som inte kan förklaras med ekonomisk teori. Vi slappar, vi drömmer, vi fattar helknasiga beslut, vi dräller runt, vi härmar varandra, vi gör en otrolig massa improduktivt strunt precis varje dag. Vi leker. För vi är också, eller kanske framförallt, lekande människor, *Homo ludens,* påminner oss Asplund om. Men forskare missar detta och håller på att bli aspektblinda, varnar Asplund. Vi har, med ekonomismen som förtecken, börjat ha Gesellschaft som utgångspunkt och vi tolkar alltmer det studerade som Gesellschaft. Det som inte kan förklaras enligt en rationell nyttologik, det som tycks ologiskt enligt marknadens lag, t.ex. någon som väljer att inte tjäna pengar fast hen kan, det döms ut, tystas ner eller, vilket är vanligare, tolkas som om det ändå är ett uttryck för ekonomiskt rationell logik. Aha! Hen håller sig undan för marknaden, det är såklart en marknadsstrategi det med! Det går inte att komma undan, argumenterar Asplund.[4]

4 Asplund (1991), s. 63.

4.

Företagsekonomin skulle kunna tas som exempel på ett vetenskapligt ämne där Gesellschaft är norm, och det avvikande behandlas som anomali. Till exempel om utgångspunkten är att mänskligt beteende går att förklara och förutsäga genom att applicera rationella modeller, men när så inte visar sig vara fallet blir det ”intressant”. Då beter sig människorna ”irrationellt” eller rentav ”dumt”. Den nyttomaximerande Gesellschaftmänniskan blir då måttstock och forskarna förundras över att människor i organisationer inte agerar rationellt, nyttomaximerande.

Men, i forskarnas undran förstärks också dualismen. Nyttomaximerad, rationell, eller ... icke-rationell, känslostyrd, dum? Till exempel neoliberala marknadsmodeller och tillhörande granskningar kritiseras starkt i organisationsstudier. Till grund för kritiken ligger noggranna studier av ... problemen. Vi studerar problemen, det som inte fungerar, beskriver dem, kritiserar. Men vad skapas ur kritiken? Föds nya idéer? Vad leder forskningens kritik av marknadstänket till? I tjugo års tid, minst, har det konstaterats att i takt med marknadiseringen av offentliga organisationer har administrationen ökat, som en del av ett allt mer tilltaget ”granskningssamhälle”. Medan forskare har studerat, analyserat, kritiserat, det offentligas stigande administration, har det administrerats mera. Kritiken av praktiken leder ej självklart till nya praktiker. Vi ser Gesellschaft. Vi kritiserar Gesellschaft. Men det skapas utifrån kritiken ”ingen Gemeinschaft”. Kanske för att vi agerar enligt Gesellschaft i våra forskningspraktiker? Distanserade, analyserande, kritiserande? Vi håller oss på avstånd. Vi säger att det ”fungerar inte”. Men *känner* vi det? Känner vi gemenskap med patienter, med icke-fungerande sönderadministrerade sjukhus? ”Det är inte ert jobb att känna. Ni är forskare, analytiker och administratörer, ert jobb är att tänka och skapa kunskap", svarar du kanske då?

Men tänk om det inte går att särskilja? Tänk om forskning, liksom konst, handlar om att förundras, uppröras, tänka *och* känna och försöka förmedla detta?

5.

Kan konsten hjälpa oss på traven? Att ta oss lite utanför vår egen kritiska loop? Där vi kritiserar marknadsreformen, men där inget nytt skapas. I olika forsknings- och undervisnings-experiment har vi försökt röra oss lite mer lekfullt än kritiskt. Vi har försökt öppna för annat än kritik, för lek.

Med Johan Asplund som följeslagare och inspiratör, vågar jag kliva in i okända, lekfulla rum. Där gränserna mellan forskning och konst kanske suddas ut lite grann, ibland. I sina senare verk vänder sig Asplund alltmer till konsten.[5] Och jag hänger på, där vill jag vara! Kanske är inte konst och vetenskap en dikotomi, kanske finns båda där, i oss, som undrande, utforskande, skapande människor. Precis som vi är både *Homo economicus* och *Homo ludens*, det vill säga både beräknande *och* lekande så är vi forskande *och* skapande. Det ena behöver inte stå i motsats till det andra, båda finns där samtidigt. Hur kan vi lyfta fram, bejaka den skapande och lekande sidan av forskningen?

Nedan följer två fältanteckningar. Det första är från när en akrobat, en regissör och en producent kom till universitetet för att framföra en performance lecture om sitt projekt "Sfären"[6]. Vi genomförde ett företagsekonomiskt och konstnärligt event. Med forskare, studenter och akrobater, alla med visioner om

5 Se t. ex. Asplund (2016); eller Asplund (2004).

6 Se även Dahl (2019).

en ny typ av organisation, drömmen om en ny ordning. Så kan man väl inte göra? Jo, det gick bra. Det hände saker och det blev intressant. I mötet mellan företagsekonomi, organisationsteori och akrobatik skapades en lekande gemenskap.

6.

En måndagsmorgon kommer de till vårt universitet. Akrobaterna. Aktiva utövare inom den globala nycirkusbranschen. De repeterar en föreställning i vårt mötesrum i korridoren för företagsekonomi. Med idéer om ett nytt sätt att organisera, inspirerat av finansiell ekonomi och Blockchain-teknik[7] ska en föreställning sättas upp. Jag möter dem i receptionen när de kommer. De säger: ”Vi behöver lite saker. Vad har ni för saker här?”

Vi går till biblioteket. Där börjar de klättra och hänga på olika saker. Bland annat på klädhängare försedda med hjul. Dessa ställningar har en tendens att rulla iväg. Dessvärre. Det ställer till problem. Instabilitetsproblem. Det skulle även kunna ställa till problem för vårt universitetsbibliotek. Om de helt sonika tog med sig klädhängarna för att repetera sin föreställning i en vecka. Var skulle då biblioteksbesökarna hänga sina kläder?

Medan en av akrobaterna ställer sig på huvudet på en rullande lastpall i bibliotekets café-foajé kommer jag på en idé. Vi frågar vaktmästeriet. De kanske har lite gamla saker. Saker man kan använda i en föreställning om finansiell

7 Blockchain, eller blockkedja på svenska är en databas som lagras i många kopior. Varje händelse i databasen (varje databastransaktion) lagras genom att ett så kallat block läggs till databasen, och en sekvens av block kallas därför en blockkedja. Tekniken kopplas ofta till kryptovalutor som bitcoin och är något som har fascinerat grundarna till Sfären från början.

ekonomi, kryptovalutor och dagens skeva maktordning förkroppsligad med cirkus-akrobatik.

Vi frågar vaktmästaren: ”Finns det lite saker vi skulle kunna få låna en vecka? Som man kan klättra på, stå på huvudet på?” Vi hittar saker. Några gnisslar. Andra rullar. Vissa är väldigt fula. Andra har ändå någon form av estetiskt värde. Dessa saker väljs ur vaktmästeriets massgrav av prylar som inte används av universitetet just nu: en rullvagn som man använt till att ställa OH-projektorer på, en fällbar metallstege som det på flera ställen med blå spritpenna står skrivet ”Högskolan på Gotland” (ett myndighetsnamn som upphört att existera sedan sex år tillbaka, men som fortfarande lever på stegen), samt en mycket ful hög smal möbel i trä, innehållandes hyllor och två röda lådor. Dessa tre ting tar akrobaterna med sig upp till företagsekonomiska institutionen.

Det lilla mötesrummet omarrangeras. Stolar bärs ut och ett stort bord trycks undan så att det blir mer fri yta. På ytan ställs de tre sakerna vars mekanik och hållbarhet den ena akrobaten började utforska med hjälp av sin kropp. I ett skede används mötesrummets halvvissna gröna växter i utforskningen genom att ställas på hyllan respektive OH-rullmöbeln. Förutom växterna används även runda stenar. En sten läggs på en av hyllorna på den fula möbeln. Medan den klättrande akrobaten placerar en liten matta för sitt huvud på hyllan och sen placerar sig själv allra överst. Ståendes på sitt huvud. Då möbeln börjar svaja börjar stenen rulla fram och tillbaka på träet. Det låter mycket. Det blir ett mäktigt ljud. En mäktig effekt av att en svajande ful möbel i trä och en man som står på huvudet. Jag tänker att det är en utmärkt simulering av ljudet av åska och tankarna förflyttas till hur Johan Asplund utforskar Drottningholmsteaterns åskmaskiner utifrån frågan ”hur låter åskan?”.[8] Det behövs en planka. Två plankor. Vi köper knäskydd. Vi köper hjulstopp, små trianglar i blå plast. Vi köper en stor tjock planka som vi låter såga itu på mitten så att det blir två stycken tjocka, två meter långa plankor. Det är praktiskt, det är konkret. Det är härligt. Vi bär upp plankorna på den företagsekonomiska institutionen. Det luktar plötsligt färskt trä i korridoren.

På fredagen samma vecka är det föreställning. En prototyp till en föreläsnings-föreställning som senare ska visas i olika länder för att förklara en idé om en organisation som istället för en ledning bestående av människor, leds av en digital själ, organisationen kallas ”Sfären”. Vi är den första testpubliken. Föreställningen är en svidande samhällskritik mot ett ekonomiskt system som gått över styr. Där makten hamnat fel. Där människors kreativitet och drömmar kvävs. Där vi glömmer att vara ett samhälle, det vill säga vara tillsammans. Där balansen Gemeinschaft–Gesellschaft har rubbats. Där allt har blivit marknad.

Under föreställningen förkroppsligas risktagande, balans och gravitationskraft genom att akrobaterna arbetar med sakerna. Och sakerna gnisslar. Mullrar. Låter. Gör motstånd. Hotar med att ge vika. Den gamla stegen gnisslar betydligt mer nu än i början av veckan noterar jag, lite oroligt.

Akrobaterna framför en idé om en ny typ av organisation. Framförandet sker genom att en läser, och en balanserar. Här återfinns drömmen om den perfekta marknadslogiken hämtad från en finansekonomisk ideal värld istället för organisationer med människor. Med denna typ av icke-mänsklig styrning skulle konstnärer få större möjlighet att utveckla sina idéer och kapitalisera på dem, istället för att styras och

8 Asplund (2004).

begränsas av organisationer. Samtidigt, en dröm om en starkare gemenskap, ett kollektiv. Ingen bestämmer över någon annan, vi, kreatörer och publik, gör det tillsammans.

När jag kommer ut i solen undrar jag vad allt egentligen handlar om. Det är lite oklart. Men tanken på att illustrera ekonomismens balansakter med en balanserande akrobat är tilltalande. På något sätt fick de fram systemens skörhet, genom de rangliga möblernas vinglande. Och frågan som etsar sig kvar, skulle företagande, ekonomi, kunna se annorlunda ut? Organiseras på ett helt annat sätt?

Johan Asplund skulle ha gillat detta, tänkte jag, då jag lyssnade till ljuden och såg hur mekaniken testades. Jag tänkte på hans texter som kretsar kring grejer och ting, vars funktion han förundras över.

7.

Nedan följer ett annat utdrag ur fältdagboken. Akrobaterna kom ju till oss, vi bjöd in dem. I vår utforskning av lantbruk är det tvärtom, där åker vi ut. Vi blir inbjudna. Eller bjuder in oss själva? Vi skaffade en husvagn, det blev bäst så. Med lekfullheten som förtecken skapas gemenskap kring en artefakt: en gammal, gnisslande, skruttig, men ändå på många sätt fin, husvagn. Den blir navet för ett utforskande av lantbruksföretag med både företagsekonomisk teori och poesi som inspiration.[9]

Husvagnen
Vi forskar om
lantbruk, drömmeri, företagsekonomi

9 Se även Helin, Dahl & Guillet de Monthoux (2019).

Hur då?
Vi sätter ut en annons
Önskas köpas: en husvagn för max 10 000 kr
Ett dygn senare äger vi en liten vagn
Piccolo 350 från 1985
Vi åker ut
Vi samtalar
Vi skrattar
Med empirin
Husvagnen gör att allt blir lite speciellt, lite festligt
Historier om liv och drömmar växer fram mellan dess halvmögliga väggar
Den går också att bo i
Blir en forskningsstation
Och ett sovrum och kokvrå
Under en månad på en gård
En deltagande observation går över till att bli en gemenskap
Forskaren hjälper till, håller ställningen på firman ett par dagar rentav
Blir omtyckt och behövd
Blir en del av en familj
”Här kan du väl bo i husvagnen, vi vill gärna ha dej här”
Vad är empiri, teori, metod?
När allt flyter samman i en liten vagn.
Vagnen blir populär
Vad vill du ha för den?
Kan jag få låna den för att campa med en väninna?
Så långt ifrån en brittisk forskare på en internationell konferens
Som föreslog
You can put it on fire once the research project is over
Så mycket närmare en amerikansk forskare på en annan internationell konferens

Som föreslog
Why don't you call it a care-van?
Vi söker det poetiska
Det vackra
Vi skapar det ibland
I stunden
I samtalet
Men hur?
Ingen vet.
Det bara händer.
Kanske för att vi leker
Homo ludens är vi
En hel dag behövs för ett samtal
Allt tar sin lilla tid
Fixa fika
Inte glömma tevatten
Köra till Fårö, vänta på färjan
Ingenting går fort
Men allt är roligt
Ställa upp vagnen
Prata
Länge
Ingen vill sluta prata
Tillslut blir det kanske kallt
Sen skriver vi
En vacker liten text, eller kanske ett poem
Vi åker tillbaka
Läser upp texten för den som vi samtalat med som inspirerat
Det väcker känslor
Tankar
En säger: ”jag får gåshud”!
En annan skrattar och säger: ”ja men precis så är det! Hur kunde ni veta det?”

Och samtalen fortsätter
Vi utforskar livet som landsbygdsföretagare.
Försöker begripa, känna, förstå, representera
Vi leker och forskar
Samtidigt
Den första frågan då vi köpte husvagnen
från flera kollegor i företagsekonomi:
Vad kostade den?
Den andra frågan:
Betalade ni med egna pengar eller tog ni den på projektet?
Vagnen kostade mindre
än att delta på en internationell konferens
och har gett betydligt mer
I ren akademisk output alltså
Förutom allt annat
Fast vi betalade med vår egen skattade lön
Snacka om kostnadseffektivitet i akademin
Och kreativitetseffektivitet
Får jag låna husvagnen, jag behöver komma hemifrån ett par dagar?
Vagnen får ett eget liv
Äldre damer som vill åka ut en sväng
Ett feministiskt projekt?
Vi lånar ut
Generosity is the key
Men en dag kommer den tillbaka dammig och lite trasig
Kanske inte så farligt
Men ledsamt
Så ledsamt
Man ska vara rädd om sin poesi
Och de rum den skapas i och ur
Vara varsam med forskningslekens upptäckarkraft
Och med äldre husvagnars sköra inredning

8.

Hur kan jag nu sammanfatta de två exemplen ur den lekfulla utforskande experimenten nedtecknande i fältdagboken och knyta dem till Asplund? Kanske så här:

Drömmar om gemenskap
I mötet mellan forskare och forskningsobjekten
väcks det känslor, empati.
I mötet mellan akrobatik och akademi,
uppstår balans, kemi.
En husvagn, en forskningsstation, blir till en gemenskap.
Världen är förunderlig
Människor är mysterium
Den finns överallt
Gemeinschaften
Då gränserna mellan Homo economicus och Homo ludens
Suddas ut
Då det öppnas en glänta
Av lekfullhet
Kan det kanske vara så
Kritiken kan nå fram?
Och så forskare
Konstnärer
Människor
Kan förändra världen
Till att bli en mer
Gemensam plats
Där vi bryr oss om varandra
Inte bara
En handelsplats
Där vi räknar på
Alla andra
För vi vill väl inte ha det så

Att vi bara räknar och tänker
Vi vill väl känna och vara tillsammans
Och ställa upp för varandra?
Och för dem som har det sämre?
Även om de inte ingår i vår närmaste krets?
Och ska vi som arbetar som forskare på universitet
Bidra till att skapa en bättre värld
Då behöver vi ju vara kännande, empatiska människor
Väl?
Inte bara tänkande, kalkylerande, räknande, maximerande
Vi behöver åtminstone
Vara både och
Homo economicus
Homo ludens

9.

Samtidigt härjar Gesellschaftvärlden med sitt idoga räknande där utanför. Den spränger sig in. Den försöker placera mig i olika rutor. Den kräver avrapporteringar och prognoser. Som en stor maskin som slukar allt vad inspiration och lekfullhet heter i ett enda nafs. Tugg tugg. Mitt enda sätt att överleva i en värld av rutor som vill förvandla mig till en siffra är att göra motstånd i ord. Göra motstånd mot allt räknande, beräknande och allt det hårda, allt det omänskliga. All nummerifiering av mänskligt arbete, liv och lidande. Lidelsefulla motståndsord. Kanske så här?

Allt som räknas kan
Ibland finns det plötsligt inte pengar
Då handlar det ibland bara om det
Pengar
Bristen på pengar

Hur pengar ska sparas
Pengar pengar
Men så fort det börjar att handla om
Bara pengar
Så slutar det
Att handla om det
Som det egentligen
handlar om
Varför vi är här
Vad vi håller på med
Vilka vi är
Vad vi vill åstadkomma
I den här verksamheten
Pengar är något man har
För att göra livet enklare
Sade min far
Men man ska inte göra livet besvärligt
På grund av pengar
Då har man missförstått meningen
Med livet, med pengar
Sade min far
Ibland,
en helt vanlig dag på universitetet
kan det kännas som
vi gör precis tvärtom
Hela universitetet
har blivit ett stort besvär
på grund av pengar
Varför?
Jo,
Till skillnad från mycket annat
såsom visdom, kunskap, engagemang, idéer, inspiration,
glädje, ödmjukhet, empati

så går ju pengar att räkna
Antal studenter går också att räkna
och antal timmar går att räkna
och antal publikationer går att räkna
och antal asylsökande
och antal patienter
Allt som går att räkna
kan kopplas ihop
bli till ett enda stort system
Av pengar, av tid, av människor
Allt kan föras in i en enda
Uppföljningsbart jättelikt Excelark
På universitetet:
”Det här, det är du”
sade hennes chef
lade fram ett Excelark
automatiskt genererat
ur universitetets timräkningssystem
Siffor i långa rader i många rutor
”Timmar”
Beräkningsnycklar
En kurs – studenter – lärartimmar
En beräkningsmodell
”Det här är du
Och Du
Du ligger på MINUS
i år”
Plötsligt
Kokas allt ner
Till bara det
På migrationsverket
Räknas varje asylsökande
som en ”pinne”

Ju fler ”pinnar” en handläggare
Gjort per år,
Desto högre lön
Det här
Det är du
Sade hennes chef
Och räknade antal ”pinnar”
Och omsatte i lön
Studenter
Patienter
Asylsökande
Pinnar
Pengar
I den svenska sjukvården
Finns nu fler personer som räknar
På verksamheten
Än personer
som driver verksamheten
Och vårdar patienter
och blir räknade på
av dem som räknar
Räkna pengar
Räkna timmar
Räkna människor
Sen styra, bestämma, bespara
Med det räknade
som underlag
Den som bestämmer
vad som räknas,
hur det räknas
har makt
Men vad händer med allt
Det oräkningsbara?

Vad händer om ingen riktigt bestämmer
utan vi bara räknar på
det som går att räkna på
och börjar tro
att det bara är det
som räknas
och kan sparas på?
Om vi istället sparar in på alla
som bara räknar räknar och räknar?
Hur mycket skulle vi inte
spara då?

10.

Hur ska vi, företrädare för ämnet företagsekonomi, bära oss åt då? För att se gemenskap? För att i Asplundsk anda lyfta fram Gemeinschaftsaspekten av det samhälle vi lever i, i bakvattnet av den överskuggande Gesellschaftsaspekten? Trots, eller kanske tack vare, att vi befinner oss i en ekonomisk disciplin, kan det vara så att en väg, som väl också Asplund senare pekar ut,[10] är att släppa föreställningen att det finns en meningsfull skarp gräns mellan vetenskap och konst? Att det är ointressant att säga ”detta är vetenskap” – ”detta är konst”. Att vetenskaplighet skulle vara något väsensskilt från den aktivitet som benämns som konstnärlig, eller kreativ, eller lekfull. Ovanstående är två exempel på hur lekfullheten inte bara fått utrymme utan rentav prioriterats i textform. Liksom de väntande passagerarna på tågstationen, som ger sig in i leken och kastar frisbee när de inbjuds snarare än förbjuds – ett av Asplunds många exempel på Gemeinschaftens kraftfulla lek – så kan vi bjuda in såväl studenter som all-

10 Asplund (2003).

mänhet i forskningens förunderliga, förundrande process. Kanske är det också ett sätt att tillerkänna och visa, snarare än att dölja, dess komplexitet. I en nyfiken undran, smälter vi samman, som nyfikna barn, lekfulla, snarare än på varsin sida vetenskapligheten, där en forskar, en blir forskad ”på”. Vi kan undra tillsammans med dem vi möter. Förundras. Skapa något nytt, tänka något vi inte redan tänkt. Som människor, konstnärer, forskare.

”Sfärens” grundare, Sara de Vylder och Olle Strandberg, inspireras av vad de kallar ”utopi-forskning” för att producera nycirkus. Det skulle kunna ses som ett tecken på att ekonomismen har gått varvet runt, och inte längre kan begripas utan konsten. Den digitaliserade världen bli till i relation till den materiella då idén om en digital själ gestaltas på scen, med hjälp av stegar och stenar, med hjälp av en balanserande akrobat. Är ”Sfären” vetenskap, är den konst? Blir ”Sfären” empiri, då den studeras och flyttas in i företagsekonomiska korridorer? Eller poesi? Är husvagnen ett redskap i forskarens händer eller är den en möjlighet för människor att komma närmare varandra? De är förstås alltihop. Både och. Samtidigt. Det är inte antingen eller. Det är både och, och därför spännande, förundrande, kanske även lite obegripligt. Det liknar inget annat vi är vana att se, det är då säkert.

11.

Att läsa Johan Asplund kan inspirera på många sätt. Han lyckas med att vara personlig utan att vara navelskådande. Jag bjuds in i Johan Asplunds hjärna, i hans tankevärld, och den blir så intressant, just därför. Vad har berättelserna i *En polygraf*[11] gemensamt? Ingenting!, skriver Johan Asplund. Jo!

11 Asplund (2016).

Säger jag, honom själv, såklart. Har man läst ett par böcker känns det snart som hemma, lite som vilken skönlitterär författare som helst. Ja, där dök tavlan upp igen, och såklart konstkritikern (gör han även ramar?) och vännen (väl?) Linde. Och så dessa olika teman som stöts och blöts genom små roliga betraktelser, tänk vad man får lära sig om mekanik och teknik. Där finner han frågor, där finner han svar, tillfredsställelse och ro. En "maskin" på Drottningholmsteatern som avger åskljud, finurligt konstruerad.[12] Vilken harmoni. Frustrationen däremot, den riktas mot andra människor, inte alla naturligtvis, men vissa. Som tänker fel, eller inte tänker alls. Som är trångsynta och fega. Företrädesvis sociologer han inte håller med. Det är aldrig någon tvekan om vem som skriver, vem som tänker, vem som får det att hänga ihop, det är han.

12.

Vi visar solidaritet då det öppna samhället utsätts för terrorattacker. *Je suis Charlie. Je suis Paris. Je suis Stockholm.* Eller, jag är inte Paris, men genom att skriva "Jag är Paris" så visar jag att jag bryr mig, jag känner medkänsla med Paris, som om jag vore staden Paris. Jag är solidarisk med den attackerade. Med Paris.

Gemeinschaft är under attack. Jo så är det. Om allt ses som, förklaras med termer hämtade ur Gesellschaft, då riskerar vi att sluta förstå vad det är att vara människa.

Efter många år som forskare och lärare inom ämnet företagsekonomi i en värld som med ekonomismen som förtecken exploaterar såväl människor som natur är det inte alltid helt lätt att stå för sitt ämne, anser jag. Knappast kan

12 Asplund (2003).

jag stå och säga till mina studenter: ju mer Du säljer, ju mer Du konsumerar, desto bättre för alla! Lär dej kränga blöjor på bästa sätt, och du går en ljus framtid till mötes, kom och läs företagsekonomi, och bli rik! Så sade mina lärare (nåja inte alla, men många) till mig då jag påbörjade en civilekonomutbildning 1996. Men den sanningen gäller inte längre. Enda sättet att idag vara företagsekonom, med samvetet i behåll, är för mig att lyfta in Gemeinschaft i mitt sätt att vara, att tänka, att skriva. Då kan vi kanske börja får syn på, och skapa, den typen av relationer som präglar Gemeinschaft, i våra klassrum, i våra företag och organisationer. Det vill säga att vi tillsammans försöker skapa ett bättre samhälle, som inte bygger på konkurrens, där den starke exploaterar den svage. Utan ett samhälle där man hjälps åt. Ja, då känner jag visst hopp och förtröstan. Dagens utmaning är att se, att skapa, gemenskap. Det där med marknad, det kan vi rätt bra vid det här laget. Men det där andra, samhörighet, solidaritet, empati, att se världen med den andres ögon. Det behöver vi träna på.

Den här texten kanske främst blev just en solidaritetshandling. Jag har försökt lyfta fram Gemeinschaftaspekter och ett Gemeinschaftspråk för att väga upp allt det andra som dagens samhälle flödar över av, som vi dränks av utan att alltid ens märka det.

Poesin, kärlekens språk, in med det i företagsekonomin, det behövs.
För att skapa mänsklighet, för att stanna upp, för att känna.
Känslorna, lekfullheten, in med dem i akademin, de behövs.
För de ger mod, de ger livsglädje, de skapar gemenskap människor emellan.
Je suis Paris.
Je suis Stockholm.
Je suis Gemeinschaft.

KAPITEL 9

Om lugnet i stormen

MARTIN HOLGERSSON

1.

Entreprenörskapets lovsång ljuder. Jag har försökt lyssna in de olika stämmorna men melodin är svårfångad. Den samtida entreprenörskapsdiskursen tycks inrymma sfärer som vid en första anblick framstår som oförenliga. Företagande och konstnärskap är ett sådant exempel. För en del är det inget problem. Andra hör oljud. Jag tror däremot att alla kan enas om att entreprenörskap verkar vara något att räkna med. Oavsett om det är företagande, arbetsmarknad eller lekfullt skapande som står i centrum inrymmer diskursen modeordet.

Också inom utbildningsväsendet har entreprenörskap fått en alltmer framskjuten position.[1] Det är inte bara grundskolor och läroplaner som har importerat ordet – eller fenomenet. Entreprenörskap tar mer och mer plats inom såväl företagsekonomisk forskning som universitetsutbildning. Förutom obligatoriska grundkurser erbjuds på vissa platser hela program orienterade kring just entreprenörskap. I takt med detta växer, av naturliga skäl, även forskningen och entreprenörskap är numera något av ett kärnämne i företagsekonomins portfölj. Huruvida det är akademikernas

1 Se exempelvis Liedman (2011).

ansträngningar eller näringslivets förehavanden som står bakom kan jag inte svara på. I denna essä spelar eventuella huvudrollsinnehavare mindre roll. Istället försöker jag närma mig fenomenet entreprenörskap från en något annorlunda ingång, låt oss kalla det en sidodörr.

Den uppgift jag har tagit mig an är att utforska entreprenörskapsdiskursens historiska utveckling genom två nedslag, ett på 1800-talet och ett "idag". Inspirationen till företaget kommer från Thomas Mann. Mitt syfte har varit att problematisera fenomenet *entreprenörskapets väsen*. Framställningen vittnar emellertid om att det även skulle kunna vara en fråga om oväsen. Min undran var: Hur såg diskursen ut då jämfört med idag? Allt eftersom utforskandet fortskred växte ytterligare en undran fram: Vad är inte entreprenörskap, vad ryms inte i diskursen? Stora frågor och likaså svaren. De ska därför inte ses som allmängiltiga. De bör snarare betraktas mot bakgrund av tillvägagångssättet. Utforskandet är genomfört med avstamp i Thomas Manns liv och författarskap. Jag har förhållit mig ledigt både till de verk jag har tagit i anspråk och till hans leverne. Med andra ord är urval och tolkningar mer personliga än fullödiga. Min ansats är fragmentarisk och en del poänger har jag gjort på bekostnad av systematik. Lite tillspetsat skulle man därför kunna säga att bidraget vilar i att förstärka väsenfrågans resonans.

2.

Thomas Mann föds 1875 i Lübeck[2]. Hans far är en förmögen köpman och familjen är självskriven i stadens högre societet. Miljön är trygg, bildad och patriarkal – Thomas växer upp

2 De inledande biografiska uppgifterna är hämtade från det första kapitlet i Hans Levanders biografi över Thomas Mann, se Levander (1964).

högborgerligt. Han tycker inte om skolan och utvecklar tidigt intresse för det egna skrivandet på bekostnad av det som skolan förordar. Han är begåvad, brodern Heinrich likaså. Det står tidigt klart för fadern att de båda bröderna inte kommer att sluta som köpmän. Inte heller de tre yngre syskonen har vad som krävs. Firman ska därför inte drivas vidare utan likvideras och familjens framtida försörjning ska istället hämtas från den kvarvarande förmögenhetens ränteinkomster. År 1891 dör fadern och något senare slutar Thomas gå i skolan för att istället arbeta på ett försäkringsbolag. Inte heller arbetslivet faller honom i smaken och med en publicerad kärleksnovell når han tillräckliga framgångar för att våga avsluta anställningen och istället skriva mer. Familjens ekonomi bidrar också till beslutet. Han kommer in på universitet och studerar till journalist samtidigt som han skriver vidare. Efter några år och ett tiotal noveller kommer så förfrågan som förändrar hans liv. En förläggare frågar den unge Thomas om han har några planer på att skriva ett större prosaverk – förslagsvis en roman. Strax därefter är vägen mot ett Nobelpris och en av historiens mest imponerande släktkrönikor ett faktum. *Buddenbrooks* börjar ta form.

3.

Berättelsen utspelar sig i Lübeck och följer den ansenliga köpmannasläkten Buddenbrooks under mer eller mindre fyra 1800-talsgenerationer. Familjen är inspirerad av Thomas uppväxt: såväl persongalleri som miljö bygger på noggranna iakttagelser och eftersökningar. Det är på intet sätt en romantisk berättelse. Arbetssättet vittnar snarare om en naturalistisk prägel där stamträd, anteckningar och kronologiska tabeller tillsammans formar ett gediget underlag. Det historiska värdet går inte att ta miste på och brodern

Heinrich uttalar sig under ett hyllningstal till boken på följande sätt:

> I det utkast han gjorde var det helt enkelt vår historia, våra föräldrars och våra förfäders liv, bakåt i tiden, ända till de generationer som det finns bevarade traditioner om, indirekt eller genom dem själva.[3]

Vad är det då verket skildrar? Redan det första kapitlet fångar flera av de huvuddrag som vägleder den storslagna berättelsen. Händelseutvecklingen utspelar sig på ett kalas hemma hos familjen Buddenbrooks. Släkten är samlad och vi får bekanta oss med alla generationer utom den sista, den som senare sätter punkt för historien. De manliga huvudkaraktärerna är i tur och ordning Johann den äldre, Johann den yngre samt hans båda söner Thomas och Christian Buddenbrook. Det är borgerlighet i högform. Kalaset, som traditionsenligt anordnas varannan vecka, vittnar om stora salar, viktiga affärer, tallrikar med guldkant, fisförnäma gäster, bildade samtal, mätta magar, överdrivna artigheter, ”fint folk kommer sent”, pudrade näsor och, inte minst, Johann den äldres utspel om att ”allting anstår icke alla. Var och en på sin façon”, en kommentar som på ett träffande sätt fångar en föreställning som speglar hela romanen.

Utspelet följer efter det att Thomas och Christians syster Tony har blivit utpekad som böjd för lättja och högmod. Familjens överhuvud, Johann den äldre, menar att det möjligtvis förhåller sig så, men att det är en struntsak. Alla har olika platser, och så bör det enligt honom förbli. Det är en konservativ livs- och samhällshållning som här framträder. Eftersom Tonys framtid vilar i hemmet och i händerna på en

3 Heinrich Mann, i Levander (1964), s. 43.

välbärgad man, faller egenskaperna inte utanför det acceptabla för en kvinna i hennes ställning. De unga sönernas, Thomas och Christian, framtid är inte mindre självskriven än systerns. Thomas visar upp ”en solid och seriös karaktär; han måste bli köpman, inget tvivel om den saken. Christian däremot tycks mig vara något av en mångfrestare”. Den konservativa hållningen där familjemedlemmarnas framtida roller redan är förutbestämda lyser även igenom i den politiska och ekonomiska sfären. Samhället ser ut som det bör. Den konservativa och aristokratiska samhällsordningen utmanas endast en gång i hela boken. Detta sker av en förbjuden älskare till Tony i hennes ungdomsår. Dennes passionerade ord om frihet och jämlikhet tynar emellertid bort, precis som sommarflirten. Kvar står plikten enligt rådande ordning. För Tonys del innebär det äktenskap med en äldre och långt mindre älskvärd man. I samband med giftermålet förseglas än en gång traditionernas öde genom faderns kraftfulla budskap enligt vilken alla individer endast är ”liksom länkar i en kedja”.

Det inledande kalaset avslöjar ytterligare en spricka som kommer att bli avgörande för familjens stundande förfall – den mellan de båda bröderna Thomas och Christian. Redan efter de första mötena med pojkarna står det klart att relationen kantas av kontrasten mellan plikt och lidelse; mellan företagande och konstnärskap. När Thomas senare i livet gifter sig blir temat ännu tydligare. Det växer fram i och genom hustrun Gerda som till skillnad från Thomas är en konstnärsnatur, något som gjorde henne till ”en egenartad, gåtfull, förtjusande varelse” som bara kan bedömas efter en egen måttstock. Utrustad med en Stradivarius är hon i en annan värld. Långt ifrån Thomas och firmans affärer.

4.

I samband med Johann den äldres bortgång överlämnas spannmålsfirman i den yngres händer. Strax därefter träder även Thomas, sexton år gammal, in i firman. Han lämnar därmed skolan för att istället växa in i familjens affärstraditioner. Där är det visserligen viktigt med affärsutveckling, men än viktigare att kunna "sova lugnt". De som arbetar utan liknande principer verkar dock ha ett försprång. Den hårda konkurrensen gör att firmans finanser blir allt mer ansträngda. I samma veva går Johann den yngre bort i förtid och lämnar därmed över firman till den unge Thomas. Medan Christian ägnar sig åt känslor, vin och sång expanderar Thomas och kan stolt se firman växa. Inte minst tack vare att han är idérikare, mer riskbenägen och företagsam än sina föregångare. Han arbetar inte heller bara från kontoret: han hade en annan stil och konstaterade att "en affärsman får inte vara någon byråkrat!" Emellertid tar Thomas risker som inte alltid genererar förväntad avkastning och efter några år börjar såväl firmans ekonomi som familjen att förfalla.

Stycket ovan summerar den ekonomiska berättelse som böljar fram och tillbaka genom hela boken. Det är inte tal om några spektakulära händelser eller större erövringar. Firman är vad den är. Framförallt ska den uppfylla två saker: vara välmående och gå i arv. Berättelsen bör placeras i sitt historiska sammanhang. Om vi följer Hans Landströms introduktion till *Entreprenörskapets rötter* är det lämpligt att läsa den mot bakgrund av två tidiga föreställningar om synen på entreprenörskap.[4] Båda växer fram ur 1700- och 1800-talens nationalekonomiska rön och intresset för de aktörer som rubbar respektive ruvar på marknaden. Landström lyfter upp föreställningen om entreprenören som *risktagare* res-

4 Landström (2005).

pektive entreprenören som *kapitalist*.[5] Om vi vidgar synen på Thomas Manns bok och läser den som en skildring av någonting mer än borgerligt familjeliv och tradition ter det sig fullt rimligt att betrakta den som en kulturell inblick i kapitalismens tidiga utvecklingsfas. Här är det inga jeansbyxor eller innovationer som över en natt revolutionerar liv och marknader. Istället är det de redan förmögna släkterna och borgarna som härskar på marknaderna. Anledningen till detta torde vara exklusiviteten som kännetecknar det högre samhällsskiktet. Förutom tillgång till kapital utgör även kunnande och politiska kontakter förutsättningar för att starta och bedriva affärsverksamhet.

Vid sidan av firman går också stadens konsulämbete mer eller mindre i arv. Buddenbrooks är därigenom en av de privilegierade familjerna med möjlighet att verka på marknaderna. De är välutbildade, kapitalstarka och politiskt inflytelserika. För nya aktörer är det höga barriärer som måste passeras för att få tillträde till marknaderna. Gränsdragningen mellan kapitalist och entreprenör framstår som diffus, minst sagt . Om jag ska lyfta fram något som skiljer dem från varandra så förefaller det vara *risk* . Hos familjen Buddenbrook illustreras detta av Johann och sonen Thomas, där den förre symboliserar den lugne förvaltaren och den senare den nytänkande risktagaren. Det bör dock påpekas att de båda olikheterna trots allt befinner sig inom ramen för det strikt borgerliga. Egenskaper som premieras är företagsamhet och plikt förenat med klassisk bildning. Det är inte tal om nyskapande som vänder upp och ner på traditioner. Sådant tolereras inte.

Mot denna bakgrund kan Thomas Buddenbrook betraktas som entreprenör i dubbel bemärkelse. Dels är han risktagare, dels en plikttrogen borgare som behärskat försöker

5 Landström (2005), s. 15.

driva firman framåt. I motsats till den lidelsefullhet som kännetecknar hans fru och bror hänger han sig aldrig åt det skapande eller estetiska. Det strikt affärsmässiga och borgerliga levernet tär dock på honom. Senare i livet plågas han till och från av melankoli som gör honom olycklig. Han tycks instängd i en värld – eller kanske rentav en bur – han själv inte har valt. Var och en har sin plats, och Thomas konstaterar besviket att han är föga mer än ännu en länk i traditionens tunga kedja.

5.

Mot slutet av 1900-talet är bilden en annan. Den ovan skisserade entreprenörskapsdiskursen, där borgerligheten privilegieras och plikttrogen företagsamhet står i centrum, tycks vara som bortblåst. Alla ska nu sporras eller utbildas till entreprenörer. Entreprenörskap tycks utgöra svaret på samtidens problemställningar. I såväl för- och grundskola som på universitet är entreprenörskap vägvisare och medskapare av framtidens välfärdssamhälle.[6] Den klassiska entreprenörskapsdiskursen har inte bara transformerats till att omfamna allt fler människor och områden, även innehållet har förändrats. I en diskursanalys där forskningen inom området skärskådas noterar Karin Berglund och Anders W. Johansson hur föreställningen om ”den skapande människan” är central.[7] Vid sidan av människotypen identifierar de även ord som flitigt figurerar i forskning kring entreprenörskap. Såvitt jag kan utläsa tycks de sammanfalla med dem som används för att beskriva entreprenören som individ.[8] Idealtypen är

6 Jfr Liedman (2011).

7 Berglund & Johansson (2007).

8 Jfr Landström (2005), s. 59f.

innovativ, flexibel, originell, handlingskraftig, oberoende och möjlighetsbejakande.

Berglund och Johansson skriver in diskursen i en större modern framstegsberättelse där gott ställs mot ont i svart på vitt och där entreprenören är den ekonomiska hjälten. Låt mig nyansera resonemanget en smula. Björn Bjerke föreslår att man närmar sig entreprenörskap utifrån två syner, en *smal* och en *bred*.[9] Den smala, och dominerande av de båda, behandlar entreprenörskap som något som är hemmahörande i den ekonomiska sfären av samhället. Här är nya produkter och ökad efterfrågan det mest angelägna. Kapital, innovationer och tillväxt är målet. Den breda synen sträcker sig bortom det ekonomiska och närmar sig istället entreprenörskap som skapande och process. Behov, meningsfullhet och lekfullhet är primära drivkrafter. Ett underliggande syfte som kännetecknar den breda synen är att den utmanar och vill utvidga den smala. Den vill göra upp med den ekonomiska inskränktheten. Det är helt enkelt ett sätt att bredda entreprenörskapsdiskursen.[10] Inom den breda synen förefaller det inte lika viktigt att definiera ideal eller individer. De positiva konnotationerna är dock svåra att komma ifrån. Entreprenörskap är kort och gott något bra, process eller inte, och entreprenören är fortfarande den duktige.

En som har utforskat den breda synen på entreprenörskapet är Bengt Johannisson.[11] Han lyfter fram skapande och lek som det essentiella. Han vänder sig bort från ekonomins trånga sfär och påstår att entreprenörskap snarare ligger närmre konstens domän, där människans inneboende lekfullhet och skaparförmåga lyfts fram som det centrala.

9 Bjerke (2013), s. 42.
10 Jfr Hjorth (2003); Olaison (2014).
11 Johannisson (2005).

Johannisson går till och med ännu längre och hävdar att entreprenörskap ytterst handlar om självförverkligande och identitetsskapande. Entreprenörskap framstår snarare som en existentiell livshållning, i vilken entreprenören utforskar sig själv genom skapelseakten. Livet, meningsfrågan och lekfullheten är långt mer centrala än pengarna.

> Entreprenörskapet och konstnärskapet skapar och hanterar utmaningar på ett likartat sätt. Båda etablerar en frihetszon för att undslippa omvärldens kontrollförsök och för att därifrån ifrågasätta, eller åtminstone söka alternativ till, rådande ordning.[12]

Här kan det vara av intresse att återvända till Thomas Buddenbrooks melankoli. Det plikttrogna affärsmässiga entreprenörskapet är som bekant inte byråkratiskt, men det är heller inte något ”skapande” i bemärkelsen att det ger en känsla av mening. Thomas är entreprenör i egenskap av *risktagare* och *kapitalist*, varken mer eller mindre. De krav och villkor som omgärdar honom inom såväl familjelivet som på kapitalmarknaden lämnar honom däremot djupt olycklig. Han är inget mer än en gren i släktträdet och en påse pengar på marknaden – han är en länk i en rostig, söndervittrande kedja. Vår tids entreprenörskapsdiskurs är något annat. Den har lyckats lösa de motsättningar, hinder och oförenligheter som utmärker Thomas liv. Det traditionsbundna och plikttrogna ersätts av det revolterande och kreativa. Det tråkiga med det skapande, allvaret med leken, förnuftet med lidelsen. Företagsamhet och konstnärsnatur förenas i vad som ser ut som harmoni – Thomas och Gerda hade idag varit ett. På något finurligt sätt tycks entreprenörskapsdiskursen ha

12 Johannisson (2005), s. 332.

omvandlat dåtida motsättningar till samtida självklarheter och förutsättningar. Var och en har inte längre sin plats – alla ska bli eller skapa någonting nytt.

6.

Ett sätt att begripliggöra diskursens omvandling är att tillskriva den *ideologisk* karaktär. Diskursens positiva dragningskraft är kraftfull och får den att framstå som naturlig i ett samhälle där människor och välfärd kontinuerligt ska växa. Den är med andra ord en självskriven del i det moderna framstegsprojektet som är svår, för att inte säga omöjlig, att ifrågasätta. Det "självklara" döljer emellertid ofta sådant som inte är självklart. Ett traditionellt försök till ideologikritik skulle fokusera på vilka eventuella maktintressen som ligger bakom och tjänar på det självklara. Vilka är vinnare respektive förlorare? En granskning av den *smala* ekonomiska synen på entreprenörskap ligger nära till hands. Främjar den en världsbild som står för rättvisa och välstånd för allt och alla? Även den *breda* synen kan placeras under kritisk lupp. Man kan utan svårigheter läsa den som ett legitimerande hölje runt en ekonomisk kärna. Inte minst eftersom konnotationerna är idel positiva, trots att vi har att göra med ett värdeladdat fenomen snarare än ett neutralt sådant.

Mina anspråk med denna essä är inte fullt så höga, det är ett annat slags ideologikritik jag prövar. Jag klumpar ihop den smala synen med den breda och ställer frågan vad som vilar bortom myllret av alla fantastiska ord som tillsammans utgör diskursen. Vad gömmer sig bakom *kreativitet*, *handling*, *innovation*, *skapande*? Är det möjligen något vi inte ser eller som vi håller på att glömma bort? Berglund och Johansson är något på spåren när de låter spalta upp motsatsord till alla dem som används för att beskriva entreprenörskap.[13] Listan är tänkvärd. Mot de kursiverade orden ovan står: *fantasilös, tvivel, passiv* och *förstörelse*. Ganska trist samling och jag undrar om inte ”motsatsen” kan ta en annan form? Finns det möjligtvis något annat sätt att framställa entreprenörskapets motpol? Med stöd i Thomas Manns idé- och bildningsroman *Bergtagen* ska jag göra ett försök.

7.

Innan jag kort introducerar handling och händelseförlopp vill jag klargöra en sak. Verket utgör en sällsynt skarp framställning där varje ord, mening och sida flyter samman till en filosofisk enhet. Inte nödvändigtvis på grund av handling och beskrivning utan snarare på det sätt genom vilket tiden förvanskar såväl läsare som kapitel och handling. Teman som tid, liv och död avhandlas lika mycket och utförligt som de tyst ebbar ut i ingenmansland. De är ständigt närvarande samtidigt som de bara flyter bort och försvinner. Det är därför med viss vånda jag försöker tolka och återge verket eftersom de nästan tusen sidorna handlar om allt och ingenting alls. Det är emellertid just *ingenting* som lät mig bli *bergtagen*. Thomas Mann arbetade med verket till och från under tolv års tid. Jag undrar om inte titeln på den svenska översättningen fångar såväl författaren som processen bakom mästerverket.

8.

Protagonisten Hans Castorp är den borgerlige ingenjörsstudenten från det tyska låglandet som under tre veckor

13 Berglund & Johansson (2007), s. 81.

ska besöka den sjuke kusinen Joachim på ett sanatorium i Alperna. En ny värld öppnar sig för huvudpersonen, en som på något märkligt sätt trollbinder honom under lång tid. Förundrad slår han följe med kusinens vardag som präglas av fem måltider om dagen, promenader och långa stunder av ensamhet och liggkurer på rummet. Döden är ständigt närvarande men glöms bort, precis som övriga världen. Hans Castorp drabbas av förkylning och följer läkarens råd att han bör stanna på berget. Tre veckor blir till månader som blir till sju år. Både tiden och omvärldens krav försvinner bort i händelselöshet och en hänförelse av något som är svårt att precisera. Den till en början försynte och obildade mannen finner med tiden ett intresse för böcker. Dagar, veckor, år studerar han dem flitigt på sin kammare. Han blir bekant med den beläste humanisten Settembrini som ihärdigt försöker övertyga honom om hur det framtida samhället ska byggas på förnuft, enligt upplysningstradition. Han möter även den dogmatiske jesuiten och radikale socialisten Naphta som istället förespråkar striktare metoder för att uppnå det klasslösa riket. Hans Castorp hamnar mitt emellan de båda herrarna i djupa filosofiska diskussioner men förmår inte ta ställning för endera sidan. Istället blir han som förtrollad av de världsliga diskussioner som han inte tycks få nog av. Ytterligare idéer möter han senare i skepnad av den irrationella personligheten Peeperkorn, som färgsätter en annars ofta grå tillvaro. Trots att livet för det mesta går på tomgång uppe på berget bland alla döende är min gissning att huvudpersonens trollbundenhet för första gången fick honom att känna sig levande.

Thomas Mann bjuder på en ironisk och dekadent skildring av borgerligheten. Gästernas tafatta inställning till liv och människor är på många sätt absurd. Sålunda har vi att göra med en idéroman som inte följer de vanliga föreskrifterna. Huvudpersonen följer inte någon tydlig progression, han reser sig inte för att senare stå rak i ryggen. Snarare är det så att författaren medvetet vill visa oss hur han kutar. Den handlingsförlamning och likgiltighet som kännetecknar livet på sanatoriet bär vissa drag av Ivan Gontjarovs 1800-talsklassiker *Oblomov*, som gav upphov till uttrycket *oblomoveri*. Huvudpersonen i den ryska boken är den soffliggande och oföretagsamme Ilja Oblomov som inte förmår göra någonting alls. Oblomovs lättja och nihilism har säkerligen inspirerat Thomas Mann. Han lyckas däremot införliva en strimma av hopp och personlig utveckling som motpol till förfallet. Att vara bergtagen är inte samma sak som att präglas av oblomoveri.

9.

Ordet *bergtagen* är synonymt med trollbunden eller förtrollad. Det är ett uttryck för en form av hänförelse som låter sinnena fångas av någonting utöver det vanliga. I låglandet, platsen där det borgerliga livet pågår som vanligt, är bergtagen ett undantagstillstånd. På höglandet är däremot förutsättningarna annorlunda. Sanatoriemiljön som Thomas Mann skildrar är på många sätt en tragisk och avlägsen historia. Likväl framstår den idag alltmer som en mytisk oas. Höglandet symboliserar en tillflyktsort, som likt institutionen sanatorium, har försvunnit. Det är en plats där man tillåts fördjupa sig och växa under långsamma förhållanden. Originaltiteln på boken *Der Zauberberg* – trollberget – signalerar någonting liknande. Mina associationer går till en fysisk plats som inte existerar i verkligheten, en mystisk plats som inte längre finns till men som vi kanske trots allt behöver. Inte minst i en tid då eftertänksamhet och långsamhet inte får plats i de härskande diskurserna

Verket är inspirerat av ett besök på ett sanatorium som Thomas Mann gjorde i samband med att hans fru vårdades för en lungsjukdom. Tanken var att det skulle bli en kort berättelse. Första världskrigets utbrott kom dock emellan och rubbade inte bara världen utan även författarens inre. *Bergtagen* kom att illustrera den politiska och intellektuella tankeström som virvlade inom honom. Det ligger nära till hands att anta att författaren själv var bergtagen när han skrev boken. Antagligen är det bara i ett sådant tillstånd det är möjligt att skriva ett verk som spänner över människans djupaste frågor på ett sofistikerat och humoristiskt sätt. Thomas Mann hade förmånen att leva ett liv där det var möjligt att låta sig hänföras och författa mästerverk. Likt Thomas Buddenbrook beslöt att hans son inte skulle bli köpman beslutade Thomas Manns far detsamma. Familjen Mann hade de ekonomiska förutsättningarna som krävdes. En tolkning av Hans Castorp i *låglandet* är att han utgör idealtypen för gemene borgerlige man. Han är väluppfostrad, någorlunda utbildad och går med raska kliv rakt in i samhällets förgivettagna hierarki. I *höglandet* är han däremot Thomas Mann: någon som får tid att utvecklas i sin egen takt och låta personliga intressen bana väg för bildning utan tvång. Det är en man som lär sig att ifrågasätta och genomskåda förutbestämda pseudo-val och utveckla en förmåga till ideologikritik. Författaren utgör av allt att döma dock en anomali – en länk utan någon som helst kedja. Under rådande ordning kan tillståndet närmast beskrivas som en sjukdom.

Det är uppenbart att den breda entreprenörskapsdiskursen kan skriva in Thomas Mann som en sann entreprenör och hans verk som resultatet av en existentiell skapelseprocess svår att sätta ord på.[14] Jag frågar mig däremot vad som

14 Jfr Johannisson (2005).

skulle vara meningen med ett sådant tilltag. Diskussionen som följer av den sortens tolkningar ligger snubblande nära de diskussioner som omger frågan om ”den ekonomiska människan”. Uppenbarligen är det möjligt att tolka allt mänskligt handlande i termer av kalkylerande egenintresse enligt plus- och minuspoler. Men vad är poängen? Vad är syftet med att reducera mänskliga mysterier, mening och social komplexitet till triviala formler? För egen del låter jag Thomas Mann sitta kvar på sin kammare, år in och år ut; reflekterande, skrivande, tålmodig, noggrann – bergtagen.

10.

Efter sju år vaknar Hans Castorp till liv. Han väcks av låglandets skottsalvor från det pågående världskriget. Han har bildat sig en uppfattning om världen och är nu redo att göra sin plikt och ta till handling. Thomas Mann lämnar däremot både huvudpersonen och läsaren på slagfältet, båda lika ovissa om upplösningen. Vad som däremot verkar stå klart är att det på slagfältet bara finns plats för två sorter: vinnare och förlorare.

Referenser

Andersson, L. G. & Hedling, E. (1999). *Filmanalys.* Lund: Studentlitteratur

Asplund, J. (1967a). *Om mättnadsprocesser.* Uppsala: Argos.

– (1967b). (red.) *Sociologiska teorier. Studier i sociologins historia.* Stockholm: Almqvist & Wiksell

– (1969). *Sociala egenskapsrymder.* Uppsala: Argos.

– (1970). *Om undran inför samhället.* Uppsala: Argos

– (1973). *Inledning till strukturalismen.* Stockholm: Almqvist & Wiksell

– (1979). *Teorier om framtiden.* Stockholm: Liber Förlag.

– (1987a). *Det sociala livets elementära former.* Göteborg: Korpen.

– (1987b). "Idrott och samhällsordning". I: U. Bergryd (red.), *Den sociologiska fantasin. Teorier om samhället.* Stockholm: Rabén & Sjögren.

– (1991). *Essä om Gemeinschaft och Gesellschaft.* Göteborg: Korpen.

– (1992). *Storstäderna och det forteanska livet.* Göteborg: Korpen.

– (2002a). *Genom huvudet: Problemlösningens socialpsykologi.* Göteborg: Korpen

– (2002b). *Avhandlingens språkdräkt.* Göteborg: Korpen

– (2003). *Hur låter åskan? Förstudium till en vetenskapsteori.* Göteborg: Korpen

– (2016) *Ord för ord. En polygraf,* Göteborg: Daidalos

Bachelard, G. (1969). *The poetics of space.* Boston: Beacon Press.

Bakka, J. F., Fivesdal, E. & Lindkvist, L. (1999). *Organisationsteori: struktur, kultur och processer.* Malmö: Liber Ekonomi.

Barich, H & Kotler, P. (1991). ”A Framework for marketing image management”, *MIT Sloan Management Review*, 32 (2), 94–104.

de Beauvoir, S. (1949/2008). *Det andra könet*. Stockholm: Norstedts

Berger, J. (1983). ”Caravaggio: A contemporary view”, *Studio International*, 196(998). http://timothyquigley.net/vcs/berger-caravaggio.pdf

— (2011). *Bento's sketchbook: How does the impulse to draw something begin?* New York: Pantheon

Berglund, K., & Johansson, A. W. (2007). Constructions of entrepreneurship: a discourse analysis of academic publications. *Journal of Enterprising Communities: People and Places in the Global Economy* 1(1): 77–102.

Bjerke, B. (2013). *En bok om entreprenörskap*. Lund: Studentlitteratur

Blomberg, J. (1995). *Ordning och kaos i projektsamarbete. En socialfenomenologisk upplösning av en organisationsteoretisk paradox*. Stockholm: Ekonomiska forskningsinstitutet vid Handelshögskolan (EFI).

Brissle, O. & Sandberg Nilsson, A. (2018). ”Momsens historia”. *Företagshistoria*, nr 4. Centrum för Näringslivshistoria.

Brunsson, N. (2010). *Företagsekonomins frågor*. Stockholm: SNS Förlag

Carlzon, J. (1985). *Riv pyramiderna! En bok om den nya människan, chefen och ledaren*. Stockholm: Bonnier.

— (2008) *Riv pyramiderna! En bok om den nya människan, chefen och ledaren*. Ny utg. Stockholm: Natur & Kultur.

Cooper, J. C. (1993). *Symboler. En uppslagsbok*. Stockholm: Forum

Cyert, R. M. & March, J. G. (1963). *A behavioral theory of the firm*. Englewood Cliffs, NJ: Prentice-Hall.

Dahl, M (2019) ”Tankar som känns: Drömmen om den perfekte organisationen”, *Organisation och Samhälle*, 2019/02

Danius, S., Sjöholm, C. & Wallenstein, S.-O. (2012). *Aisthesis. Estetikens historia 1*. Stockholm: Thales

Direkt Affärsvärlden (2019). ”Holmen investerar miljarder i Blåbergsliden vindkraftpark” *www.affarsvarlden.se*, 2019-12-12.

Eco, U. (1965/2003). ”Narrative structures in Fleming”. I: C. Lindner (red.), *The James Bond phenomenon: A critical reader* (2 uppl., s. 34–55). Manchester: Manchester University Press.

Elster, J. (2007). *Explaining social behavior. More nuts and bolts for the social sciences.* Cambridge: Cambridge University Press.

Engwall, L. (1980) (red.). *Företagsekonomins rötter.* Lund: Studentlitteratur

— (2016). *Defining management: Business schools, consultants, media.* London and New York: Routledge

Eriksson-Zetterquist, U., Kalling, T. & Styhre, A. (2015). *Organisation och organisering.* Stockholm: Liber.

Fleming, I. (1959/2012) *Goldfinger.* London: Vintage

Follett, M. P. (1924). *Creative experience.* Forgotten Books.

Forssell, A. & Jansson, D. (2000). *Idéer som fängslar.* Malmö: Liber

Foucault, M. (1972/1983). *Vansinnets historia under den klassiska epoken.* Lund: Arkiv

Frostell, C. (1995). ”Telia behöver nya miljarder”. *Svenska Dagbladet,* 1995-09-13.

Gawell, M. (2013) *Socialt företagande och försöken att finna fungerande sätt.* Stockholm: Arvsfonden.

Gustafsson, C. (1994). *Produktion av allvar. Om det ekonomiska förnuftets metafysik.* Stockholm: Nerenius & Santérus

— (2005). ”Idiergi eller funderingar kring livet på gränsen till kaos”. *Pink Machine Papers,* Nr 2. Stockholm: Royal Institute of Technology, Department of Industrial Economics and Management.

Grönroos, C. (1992). *Service management: ledning, strategi och marknadsföring i servicekonkurrens.* Göteborg: ISL (Institutet för säljträning och ledarutveckling).

Guillet de Monthoux, P. (1993). *Det sublimas konstnärliga ledning.* Stockholm: Nerenius & Santérus

Hatch, M. J. (2002). *Organisationsteori: Moderna, symboliska och postmoderna perspektiv.* Lund: Studentlitteratur

Hatch, M. J. & Cunliffe, A. L. (2006). *Organization theory. Modern, symbolic, and postmodern perspectives.* Oxford: Oxford University Press

Helin, J., Dahl M. & Guillet de Monthoux, P. (2019), ”Caravan Poetry: an inquiry on four wheels”, *Qualitative Inquiry* 1–6.

Hellekant, J. (2019). Mäklartipset: ”Ger mer yta och funktion för pengarna”. *Svenska Dagbladet,* 2019-12-16.

Hjorth, D. (2003). *Rewriting entrepreneurship: For a new perspective on organisational creativity*. Malmö: Liber

Hällgren, M., Nilsson, A., Blomqvist, T. & Söderholm, A. (2012). "Relevance lost! A critical review of project management standardization". *International Journal of Managing Projects in Business*, 5(3): 457–485.

Johannisson, B. (2005). *Entreprenörskapets väsen*. Lund: Studentlitteratur

Kaufmann, H. & Seidman, D. (1970). "The morphology of organizations". *Administrative Science Quarterly* 15(4): 439–451.

Konsumentföreningen Stockholm (2019). "Konsumentföreningen Stockholm och Skansen i fördjupat samarbete genom nytt femårsavtal med fokus på hållbarhet". www.mynewsdesk.com, 2019-12-18.

Koskinen, M. (2002). "Auteuren – person eller konstruktion?" *Filmkonst nr 77*. Göteborg: Göteborgs filmfestival.

Kostera, M. (1996). *Postmodernizm w zarządzaniu*. Warszawa: PWE

Kotler, P (1980). *Marketing management. Analysis, planning, and control*. (4 uppl.) Englewood Cliffs, NJ: Prentice-Hall.

Kuhn, T. S. (1962/1996). *The structure of scientific revolutions*. Chicago: University of Chicago press.

Köping, A.-S. (2003). *Den bundna friheten. Om kreativitet och relationer i ett konserthus*. Stockholm: Arvinius.

Lagerspetz, O. (1996). *The tacit demand. A study in trust*. Filosofiska institutionen. Åbo Akademi: Åbo.

Landström, H. (2005). *Entreprenörskapets rötter*. Lund: Studentlitteratur

Latour, B. (2005). *Reassembling the social. An introduction to actor-network-theory*. Oxford: Oxford University Press

Levander, H. (1964). *Thomas Mann: Silhuetten och verket*. Stockholm: Bonnier

Liedman, S. (2011). *Hets! En bok om skolan*. Stockholm: Bonnier

Lindell, N-E. (1995). "Kunden sätter priset efter nyttan". *Svenska Dagbladet*, 1995-02-01.

LO (2019). "LO Mervärde lanserar nytt medlemslån". *www.lo.se*, 2019–05-07

March, J. G. (1988). *Decisions and organizations*. Oxford: Basil Blackwell.

— (2011). "A Scholar's Quest".

Journal of Management Inquiry, 20(4): 355–357.

Marx, K. (1867/1969). *Kapitalet. Kritiken av den politiska ekonomin*. Första boken. Lund: Arkiv Zenit.

Mills, C. W. (1959). *The Sociological Imagination*. London: Oxford University Press.

Mintzberg, H. (1980). "Structure in 5's: A synthesis of the research on organization design". *Management Science* 26(3): 322–341.

— (1983/2009). *Structure in fives: Designing effective organizations*. Englewood Cliffs, NJ: Prentice-Hall International.

Mir, R. & Mir, A. (2002). "The organizational imagination: From paradigm wars to praxis". *Organizational Research Methods* 5 (1): 105–125.

Morgan, G. (1993). *Imaginization: New mindsets for seeing, organizing and managing*. Thousand Oaks: SAGE

— (1997). *Images of organization* (Ny uppl.). Thousand Oaks: SAGE

Normann, R. (1984). *Service Management*. Chichester: John Wiley & Sons.

Olaison, L. (2014). *Entrepreneurship at the limits*. Copenhagen, Denmark: Copenhagen Business School.

Orzechowski, E. (1999). Wokół zarządzania kulturą, edukacją, mediami. Kraków: WUJ;

Ohlsson, Ö. & Rombach, B. (2015). "The art of constructive criticism". I: Örtenblad, A. (red.) *Handbook of Research on Management Ideas and Panaceas: Adaptation and Context*. Cheltenham: Edward Elgar, s. 149–170.

Pagod, H. (1995). "Reklambyråerna vet aldrig bäst". *Svenska Dagbladet*, 1995-08-16.

Paulsen, R. (2019). "The utopian quest for an alternative". I: Ericsson, D. & Kostera, M. (red.). *Organizing hope – Narratives for a better future*. Edward Elgar Publishing.

Peltonen, T., Gaggiotti, H., & Case, P. (2018) (red). *Origins of organizing*. Cheltenham: Edward Elgar.

Propp, V. (1928/1968). *Morphology of the Folktale*. Austin: University of Texas Press.

Rombach, B. (2005) (red.). *Den framgångsrika ekonomiskan*. Stockholm: Santérus

Rosvall, L. (1992). *Business engineering = att skapa affärer*. Stockholm: Sveriges exportråd.

Simon, H. A. (1947). *Administrative behavior: a study of decision-making processes in administrative organizations*. New York: Macmillan.

Soila-Wadman, M. (2003). *Kapitulationens estetik. Organisering och ledarskap i filmprojekt*. Stockholm: Arvinius.

SOU (1979:8). Utredningen om löntagarna och kapitaltillväxten. *Löntagarna och kapitaltillväxten 1 Löntagarfonder – bakgrund, problem och möjligheter: en studierapport från sekretariatet för Utredningen om löntagarna och kapitaltillväxten*. Stockholm: LiberFörlag/Allmänna förl.

Steyaert, C., Beyes, T. & Parker, M. (2016). *The Routledge companion to reinventing management education*. London och New York: Routledge

Svanholm, B-O. (1995). ”Individuell och lokal lönesättning att föredra”. *Svenska Dagbladet*, 1995-01-20.

Strati, A. (1999). *Organization and aesthetics*. London: SAGE

Säve-Söderbergh, T. (1990). *Egyptisk egenart. Grundproblem i gammalegyptisk kultur*. Uppsala: Uppsala universitet.

Söderlund, J. (2005). *Projektledning och projektkompetens*. Malmö: Liber

Watson, T. (2009). ”Work and the sociological imagination: The need for continuity and change in the study of continuity and change”, *Sociology*, 43(5): 861–877.

Weick, K. E. (2001). *Making sense of organization*. Oxford: Blackwell

Om författarna

Johan Alvehus är docent i tjänstevetenskap vid Institutionen för service management och tjänstevetenskap vid Lunds universitet. Hans forskning handlar om ledning och styrning i professionsorganisationer, och han har också ett brinnande intresse för akademiskt skrivande och läsande.

Cecilia Bjursell är professor i pedagogik med inriktning livslångt lärande och föreståndare för Encell – Nationellt centrum för livslångt lärande vid Högskolan för lärande och kommunikation, Jönköping University. Hennes nuvarande forskning rör livslångt lärande, med fokus på lärande senare i livet, samt styrning och ledning i utbildningsorganisationer.

Matilda Dahl är lektor i företagsekonomi vid Uppsala universitet Campus Gotland. I sin forskning tar hon avstamp i filosofi och poetiska metoder för att utforska frågor om granskning, organisering och företagande. Hon bedriver för närvarande ett forskningsprojekt om drömmars funktion i landsbygdsföretagares praktik.

Daniel Ericsson är ekonomie doktor från Handelshögskolan i Stockholm och verksam som professor i organisation och ledarskap vid Linnéuniversitetet. Han forskar företrädesvis om organisering, ledning och entreprenörskap med en särskild inriktning mot kreativitet och kulturens fält.

Malin Gawell är docent i företagsekonomi vid Södertörns högskola i Stockholm. Hennes huvudsakliga forskningsintresse rör engagemang, organisering av olika typer av sociala verksamheter och utvecklingsdynamik i samhällen. För närvarande deltar hon bl. a. i ett forsknings- och samverkansprojekt med fokus på den urbana periferin.

Martin Holgersson är lektor i företagsekonomi och arbetar på Ekonomihögskolan vid Linnéuniversitetet. Hans forskningsintresse är bland annat finansmarknaders ökande inflytande i vardagslivet, ekonomisk tidsanda och akademiskt skrivande. För närvarande arbetar han med ett projekt som utforskar likheter och gränser mellan vetenskaplig och konstnärlig verksamhet.

Markus Hällgren är professor i företagsekonomi vid Umeå universitet. Hans huvudsakliga forskningsintresse är metodfrågor samt mänskligt och organisatoriskt beteende i extrema kontexter, dvs. miljöer där människor kan dö eller komma till skada – t. ex. zombieapokalypser, klättringsexpeditioner, inomhusklättring och Polismyndigheten.

Monika Kostera är professor ordinaria vid Jagiellonska Universitet i Polen och Södertörns Högskola. Hennes forskningsintressen inkluderar bl. a. etnografi, alternativa organisationer och grön ledning. Hon publicerar också poesi.

Ann-Sofie Köping Olsson är lektor i företagsekonomi vid Södertörns högskola i Stockholm. Hennes huvudsakliga forskningsintresse rör sig inom fältet kulturpolitik, kulturmanagement och kulturens betydelse för en hållbar samhällsutveckling. För närvarande deltar hon i ett forsknings- och samverkansprojekt om kulturens relevans och möjligheter i det offentliga rummet.

Pernilla Nilsson är företagsekonom och har som universitetsadjunkt mångårig erfarenhet av undervisning i organisation, ledarskap och strategisk förändring i grund- och uppdragsutbildning på Handelshögskolan vid Umeå universitet, Växjö universitet och Linnéuniversitetet. Idag intresserar hon sig för akademisk redlighet på snedstrecket mellan individ och (forskar)samhälle.

Marja Soila-Wadman är filosofie doktor och universitetslektor. Hon arbetar på Samhällsvetenskapliga institutionen, avdelningen företagsekonomi, Södertörns högskola. Hennes huvudsakliga forskningsintresse är estetik och organisering. Det nuvarande forskningsprojektet handlar om estetiskt lärande vid konstnärliga interventioner för organisationsutveckling.

Peter Svensson är docent i företagsekonomi och arbetar på Företagsekonomiska institutionen, Ekonomihögskolan vid Lunds universitet. Hans huvudsakliga forskningsintresse är språkets och symbolers betydelse i och för olika ekonomiska fenomen. För tillfället deltar han i ett forskningsprojekt om finansiell kultur och finansiella ritualer.

Anders Söderholm är research scholar vid Ronin Institute och tidigare professor i företagsekonomi vid Umeå universitet och Mittuniversitetet. Han är för närvarande generaldirektör för Universitetskanslersämbetet. Hans huvudsakliga forskningsintresse kretsar kring organisationsvetenskapliga frågeställningar, temporära organisationer och projekt.